ཡང་གསང་པདྨ་བཀོད།

極密聖境·仰桑貝瑪貴

從500公尺到4000公尺的朝聖

邱常梵◎著

目錄

在喜馬拉雅山區，遇見蓮花源

你還記得學生時代讀陶淵明的《桃花源記》嗎？

「晉太元中，武陵人，捕魚為業，緣溪行，忘路之遠近；忽逢桃花林，夾岸數百步，中無雜樹，芳草鮮美，落英繽紛……，林盡水源，便得一山。山有小口，彷彿若有光，便舍船，從口入。初極狹，纔通人；復行數十步，豁然開朗。土地平曠，屋舍儼然。有良田、美池、桑、竹之屬，阡陌交通，雞犬相聞。……怡然自樂。……」

如果我告訴你，今日在中印邊境喜馬拉雅山區，也有這麼一個相似的蓮花源，你相信嗎？這個地方，藏語稱為「仰桑貝瑪貴」，仰桑的意思是「極為祕密」，貝瑪是「蓮花」，貴是「聚集叢生」，若從空中俯視，會發現這個區域山峰連綿，從海拔500多公尺逐漸增高，連接上喜馬拉雅山脈，而一個又一個相連的大大小小山嶺，恰似花瓣往外開展，形成朵朵蓮花綻放，不同民族的村子就散落在花瓣間。

和西藏拉薩噶廈政府同時代，這裡曾經是藏東波密王朝設立之嘎朗央宗的縣治所在，專門管理珞巴族（目前被中共列為少數民族）。數百年前藏族移入，二十世紀五〇年代中共入藏，藏東康巴人為避迫害相繼遷移至此，如今，散居著藏族、珞巴族、門巴族及少數印度人，共約數千人。山村沿著自東向西流入雅魯藏布江的仰桑河而建，車路只到江河交匯口的土亭村（Tuting），往裡只能步行。雖然沒有完全與世隔絕，但地處偏遠山區，又靠近中印邊界，被列為管制區，外人無法自由進入，因此形成一個現代版的桃花源。

仰桑貝瑪貴是藏傳佛教重要聖地「貝瑪貴」的一部分。西藏家喻戶曉的蓮花生大師❶一千多年前就預言西藏境內將有戰亂，百姓難免戰亂迫害，因而特別授記貝瑪貴是個避難地。蓮師親至貝瑪貴予以加持，並

---

❶蓮花生大師或稱咕嚕仁波切（Guru Rinpoche，意為珍貴寶上師），簡稱蓮師。誕生於古印度烏金國西北方的達那果夏湖，自蓮花中而生。八世紀時，由藏王赤松德贊迎請入藏，將顯密佛法精華完整傳入西藏，被藏人視為第二佛陀。

閉關修行，安住於禪定中長達七個月之久，賜予當地人與非人②密乘教法，加持此地山林成為殊勝密境。後來果然應驗，一些藏民逃難至此，得以保住性命並延續佛教法脈，這裡乃成為藏傳佛教徒嚮往的偉大剎土。

在《貝瑪貴聖地誌》中記載：「為利未來有情故，加持此處勝密境，一生獲得持明處，雖僅居住此聖地，慈心悲心自然增，……較彼他處修千年，此地一年修更佳；較彼他處修一年，此地一月修更佳；較彼他處修一月，此地三日修更佳……，將成圓滿自在王。」

近代，由西康轉世到貝瑪貴的第二世敦珠法王❸，17歲時在仰桑貝瑪貴舉行了「大寶伏藏法」灌頂。流亡印度後，又多次返回普巴金剛聖地舉行大成就法會以及賜予其他灌頂、教授。

1932年誕生、2009年涅槃的寧瑪派最高法王貝諾仁波切，也是貝瑪貴人，1936年被認證後駐錫西康白玉寺，他在1959年離開西康流亡南印度之前，也在此住了六個月。

若非和上師的因緣，我永遠也不可能知道世界上還有這樣一個清淨之地。雖然這裡屬印度管轄，居民共通語言是印度語，但這裡的藏族卻保留了西藏傳統文化，尤甚對佛法無比尊敬與虔誠，這令視西藏為靈魂故鄉的我感到非常歡喜。

自從2005年單獨旅行滇、藏、川藏區兩個月，接著又在拉薩西藏大學學習藏語文兩學期後，這些年來我和西藏緣起不斷，每年一至兩次返回西藏探望藏族朋友及拜訪各個聖地，每次都會為正在無聲無息快速消逝的西藏文化感到心痛。中共對外號稱和平解放西藏，卻在進入西藏半世紀以來，使盡各種手段企圖摧毀西藏文化與宗教信仰，許多神山也因受到爆破開採礦產而被破壞得面目全非。

我那些信仰受盡打擊與壓抑的藏族朋友，多次感傷地對我說：「只

---

❷非人指相對於人間而言的天界、冥界之眾生，如天龍八部、夜叉等。
❸敦珠法王仁波切為現世蓮師之代表，擁有寧瑪派所有豐富傳承，乃教授「大圓滿法」的權威導師，被公認為印證心意自性的權威及最具加持力者，是當今不少著名仁波切的上師，又被稱為「上師的上師」。

怕以後西藏佛教要到雪域之外的地方才找得到了。」總使我忍不住陪著他們一起黯然神傷，甚至落淚。

光從信仰自由、保存佛法這點來看，就讓人對仰桑貝瑪貴的存在充滿無限的期待與嚮往。

這裡也正是我的上師「堪布徹令多傑仁波切」❹的故鄉，2010年7月，我們四位弟子隨師返鄉，為興建八年即將完工的寺廟安置金頂及蓮師十萬薈供大法會作攝影記錄；2011年1月底寺廟正式落成，港台弟子共六十多人前往參加開光典禮，歡度西藏新年。我和另兩位師姐早去晚回，待了一個月，期間隨上師拜訪各個山村，溯源仰桑河巡禮朝聖，惜受限時間只走到中游。

前後兩回有幸跟隨上師身旁，親睹其日常言行舉止，深深體會到上師的慈悲與智慧。

2011年10月我獨自一人三度前往，與寺廟僧人一起深入極密之境仰桑河源頭，從海拔500公尺開始徒步，攀登到海拔4000公尺的神山聖湖區；從熱帶雨林到闊葉林到暖溫帶針葉林、寒溫帶針葉林，最後是高山寒帶灌木草甸帶。這次行程是我自高中開始登山至今四十年中，走得最慘的一次，卻也創下紀錄成為深入仰桑貝瑪貴極密聖境朝聖的第一個台灣人。

三入蓮花源，每回都因為有新的發現而驚歎不已。初次前往，我連它在哪裡都搞不清楚，還以為它是另一個達蘭莎拉（印度安置西藏難民的山城，也是西藏流亡政府及達賴喇嘛駐錫地），其實非也。然後，逐漸發現——

往北數十公里便是中印邊界，兩軍如臨大敵駐防，難怪外人前往除了印度簽證，還要加辦貝瑪貴許可證。

邊界的那一邊居然就是我很早之前就想去、卻因未對台灣人開放而無法前往的墨脫（屬藏東林芝地區），大陸背包客稱其為「世界最後的天堂祕境」。

---

❹寧瑪派的堪布指精通經律論三藏等顯密教義之教授，類似現代大學教授。仁波切藏語意思是「珍貴寶」，指學問足以為世人楷模，有很高修行的成就者。

貝瑪貴係因政治因素被一分為二，形成所謂的西藏貝瑪貴與印度貝瑪貴，而這個故事要從當印度還是英國殖民地時講起。

仰桑河源頭，海拔4000公尺的神山聖湖區，有108個高山湖泊，其中五個相鄰的大湖泊代表佛教五方佛的五魂湖。

……

隨著一而再、再而三前往，有許多發現，也有許多疑問產生，我上網展開地毯式鉅細靡遺的搜集相關資料，再配合實際經驗印證，終於像玩拼圖一樣，從一片空白與模糊中，逐漸一塊塊拼湊完成。如今，我敢自豪的說：全台灣再沒有一個人比我對這塊土地的歷史、地理、人文還清楚的了。

《阿彌陀經》提到，在淨土中，青草綠樹都十分清淨莊嚴，微風鳥鳴都像在宣說佛法。人在仰桑貝瑪貴特別容易感受到這種極樂淨土的意境，蓮花生大師的加持力透過身語意宣揚，心識特別清明。我有生以來第一回「夢中知道自己在作夢」的體驗，就發生在初抵聖地的第一晚。

身處聖地，只要心沉澱下來，清淨、專注，融入天地中，那麼，山風輕揚，蟲鳥齊鳴，野花綻放，山溪湍流，樣樣都在宣說佛法。一份神祕磁場的力量，引導心靈跨越時空；感受過去所有曾在這裡修行的大成就者的無形加持，隨著輕微呼吸，滲透每一個細胞。

每次前往，當車子走在四周林相茂盛的狹窄山道上，一路沿著雅魯藏布江畔蜿蜒，逐步深入喜馬拉雅山區，我知道，自己正在穿越時光隧道，即將走進蓮花源；我知道，我會在那裡遇見蓮花生大師；遇見精進修行的自己。

而每當帶著美好的經驗要離開時，從後視鏡看著頻頻揮手道別的小喇嘛、看著村子自一片蓊鬱的山林中消失，路旁下方的雅魯藏布江，江水依舊奔騰……，我知道，我還會再回來～

【第一篇】一入蓮花源

初識綺羅香

緣　起

「**師**姐，你可以挪出半個月時間出國嗎？」

2010年5月，「寧瑪三根本佛學中心」開山元老汪師姐突然問我。

「應該沒問題，要作什麼？」

「7月份，堪布要回貝瑪貴幫寺廟安金頂，並在蓮花生大師誕辰日舉行三天蓮師十萬薈供大法會，需要有人隨行錄、攝影及記錄。」

就這樣，我這個加入中心一年多的菜鳥，因緣際會，得以隨師同行。後來才知道有許多比我資深的師兄姐都想隨師同行，卻因工作關係或其它障礙無法如願，最後，負責的師姐這才想到我——已退休，出版過兩本書，文筆和攝影技術都還不錯的初生之犢。這讓我深感幸運與榮耀，也更心存戒慎與戰戰兢兢。

「到時是住寺廟木造的簡陋僧寮，沒有電話、沒有網路、沒有電視、常常停電、洗冷水澡，你可以適應嗎？」

「沒問題，這和我在西藏自助旅行的狀況差不多。」

確定隨師同行後，我提出第一個疑問：

「貝瑪貴在印度哪裡？」

自從一年前加入中心，就常聽堪布及喇嘛❶提到貝瑪貴。最初我誤以為是位於北印度的佛教聖地「措貝瑪」（藏語意指蓮花湖），2004年，達賴喇嘛曾蒞臨講授佛法。但喇嘛告訴我：貝瑪貴離措貝瑪遠得很，位在印度東北邊的Arunachal邦，靠近西藏邊界。

Arunachal，Arunachal，按照發音是阿魯納恰爾，我拿出在北京買的印度地圖，卻找不到它的蹤跡。奇怪，怎麼回事？上網查Google電子地圖，查到印度有個Arunachal Pradesh（簡稱A.P），阿魯納恰爾邦，位在不丹東邊。但按照貝瑪貴拼音Pemakui要找貝瑪貴，卻怎麼找也找不到。（後來方知貝瑪貴英文一般拼為Pemakod）

暗自忖測可能因為貝瑪貴是個很小的山村，所以Google地圖沒標示吧。

喇嘛說，貝瑪貴以前屬於西藏，後來才變成印度領土。我問：

「為什麼會有這樣大的變化？」

---

❶藏語「喇嘛」指上師，意為「至高無上」，但台灣人對所有西藏僧眾都以「喇嘛」稱呼，是早期以來的以訛傳訛。本書隨順台灣習慣，保留此稱呼。

　　他們語焉不詳。我想起曾看過一篇報導，中印邊界向來存在紛爭，
居於政治考量，兩國政府曾經互換邊境土地、重劃國界，於是，我自作
聰明猜測：貝瑪貴可能也是在這樣的前題下被中共換給印度的吧！

　　幾次閒聊中，從喇嘛那裡又獲知，貝瑪貴有許多聖地，最殊勝的是
海拔很高的三大神山及達那果夏聖湖。三大神山包括法身阿彌陀佛聖地
貝馬謝日（蓮花晶山）、報身大悲觀音聖地日沃達拉（普陀山）、化身
蓮花生大師聖地孜大布日（精藏之城），加持力特強。

　　「海拔很高？到底是多高？5000？6000？」

　　被我這一問，中心喇嘛搔搔頭沒一個說得出確實高度，只一再強調
「反正就是很高很高，冬天會下雪，無法前往」。我望著他們認真的神
情，忽然懂了，我真呆，他們又沒有高度計，怎麼可能知道確實高度？

　　「去神山聖湖一趟要花多長時間？」基於以往朝聖西藏神山聖湖的
美好經驗，我對貝瑪貴的神山聖湖也產生濃厚興趣。

　　「達那果夏湖大約一個星期吧。」

中心巴登喇嘛（左一）、嘎瑪喇嘛（右二）和小札西喇嘛（右一）受限台灣法令，每二個月需出境一次。（照片由嘎瑪喇嘛提供）

　　心想：從台灣到印度貝瑪貴，這麼遠一趟路，怎可不順道朝聖神山聖湖？於是我向比較熟的嘎瑪喇嘛說：

　　「攝影任務完成後，我想繼續留在貝瑪貴，去達那果夏朝聖。」

　　嘎瑪喇嘛先確定我經常爬山、體力沒問題，睡袋等相關裝備也都齊全後，表示在申請貝瑪貴許可證時會請他們特別註明。

　　6月初我依照原訂計劃，前往西藏阿里地區朝聖崗仁波切神山及瑪旁雍措聖湖，月底回到台北，7月11日在桃園機場和不認識的另三位同行者會合，其中來自高雄中心的林師姐（藏名貝瑪卓瑪）和我一起負責攝影，另兩位則都不是中心學員——李師姐很早就皈依堪布，但因故未持續跟隨修行；黃師兄與李師姐是舊識，因曾向堪布請法，認識堪布，又久仰貝瑪貴聖地，於是同行。

　　於曼谷和剛結束香港弘法的堪布會合，飛抵加爾各達已是半夜，就近住進機場旅館，破舊、狹小，讓人不敢相信這是國際機場旅館，窗外緊臨機場跑道，半夜還有飛機起落，隔音不好，**轟轟隆隆**吵雜得很。

飛抵阿薩姆邦緊臨雅魯藏布江的Dibrugarh市

　　隔天中午前往毗鄰的國內航站，check-in拿到登機證後，才知道要飛往阿薩姆邦的Dibrugarh，飛程約一個半小時，是個緊臨布拉馬特拉河（雅魯藏布江流入印度後之名）的城鎮，機場很小，下機後得從停機坪走路入境。

　　寺廟幾個喇嘛專程來接機，路上兩旁都是綠油油的茶園，約半小時抵達市區旅館，拿出手機一看，沒訊號。奇怪，早上在加爾各答才換上去年在菩提伽耶買的印度手機卡，撥打正常，怎麼到阿薩姆就沒訊號了？這時，李師姐也拿出有國際漫遊功能的手機想打電話回台灣，結果她的手機也沒訊號。請教堪布，才知道阿薩姆因為語言、文化、風俗習慣等都和印度本土不一樣，長久以來一直鬧獨立❷，所以跟中央政府不

---

❷十三世紀，來自緬甸的傣族人於今阿薩姆地區建立阿豪姆王國，第一次英緬戰爭中被英軍佔領。1862年英緬簽訂條約後，阿薩姆及其周圍地區歸英屬印度統治。1947年後成為印度阿薩姆邦。緊鄰孟加拉、緬甸，與印度本土間只有一狹小長廊土地相連。

太配合，手機制度自己搞一套，因此，不僅國際漫遊到這裡沒用，連在印度全國都可使用的手機卡，到了這裡也無法使用。

我們聽完，問堪布和喇嘛：

「那你們的手機卡就要準備兩張囉！」

「哪裡，是三張，阿魯納恰爾同樣想獨立，也是不跟中央配合，自己單獨弄一套，所以等我們進了阿魯納恰爾，還要再換一張卡。」

天啊，一邦換一卡，這也太麻煩了吧。

和堪布聊天，才知道 Dibrugarh 必須住兩晚，因為前往貝瑪貴的直昇機每週只有一班，固定週三飛，因為是小飛機，天候一差就停飛。今天是週一，後天若有直升機，約一小時可抵達貝瑪貴，否則得搭兩天車，大家就會很辛苦了。

我們紛紛表示，搭機搭車都沒問題，再辛苦也不怕。堪布笑著說：

「是啊，是啊，搭機搭車都是小事，沒問題。但眼前還有一個大問題，就是你們四個人的貝瑪貴 permit 還沒核准，以前外人進入貝瑪貴，都是向阿魯納恰爾申辦就行了。這次要申辦時，因為貝瑪貴位於中印邊界管制區，中印關係不太好，聽說之前抓到一個越界過來收集資料的中國間諜，阿魯納恰爾的長官一聽到你們是中國人，弄不清楚台灣跟中國有什麼差別，就不給辦入境許可，要寺廟把資料送到新德里，由中央審核。到現在還沒批下來呢。」

原來如此，之前在台灣很早就影印了相關證件，傳眞到印度供申辦貝瑪貴許可證用，出發的前一週臨時通知需補傳眞護照封面，因為護照封面印有 TAIWAN 字樣，以此證明我們不是來自大陸的中國人。

堪布接著表示，萬一許可證沒核發，後天他仍需出發返回貝瑪貴，進不去的我們四人只能留在 Dibrugarh，自行設法安排後面旅程。

我們四人面面相覷，幸而堪布接著說：

「等會兒我會修法消除違緣障礙，你們也努力誦蓮師心咒和蓮師七句祈請文，跟蓮師祈請吧！」

到了晚上，消息傳來，貝瑪貴許可證 OK 了，但沒申請到進入神山聖湖區的許可證，因此我必須和大家同進同出。

印度市集裡的疑惑

印度檳榔

大夥兒隨著堪布前往市集逛街，淺嚐印度風味。離旅館步行沒多遠，來到一條類似台灣市集的街道，馬路不寬，人、車、牛爭道，險象環生，兩旁全是各式各樣的小商店，人來人往非常熱鬧，彎進路旁巷弄，路更狹窄，同樣也有許多小店舖。

　　堪布走在最前面，我們四人和三位喇嘛隨後跟著。第一個嘗試是路邊攤「印度檳榔」，小販用片小綠葉包裹住一些類似香料的東西，五顏六色，我拿了一顆放進嘴裡，嚼了嚼，這味道讓我想起三十多年前還是大學生時，有一回支援山難救援，與國軍山寒部隊上山，天寒地凍，在他們熱情慫恿下吃了一顆檳榔，頓時全身發熱。這印度檳榔和台灣檳榔有一點像，但多了一種說不出來的奇怪味道，有點噁心，嚼沒幾下，顧不得它能清涼提神、有益腸胃，趕緊偷偷吐掉。

　　之前還在旅館時，李師姐就說想要訂做一套印度傳統服飾，法會時穿。吃完印度檳榔，堪布帶著大家前往布料店。印度商人看到客人上門，笑臉殷勤招呼，等我們坐定，奉上印度奶茶後，立刻搬出琳琅滿目

的布料，一塊又一塊攤展開來，熟練地將布料往李師姐身上纏裹，迅雷不及掩耳，瞬間已經變成一件衣服。

李師姐從離開旅館便一路慫恿貝瑪和我也做套印度傳統服飾，三人在法會時一起亮相，驚艷全場，但被我們委婉拒絕。此時，她邊挑選布料邊以三寸不爛之舌繼續遊說，最後轉向堪布說：

「堪布，您說對不對？法會時穿印度傳統服飾，盛重又莊嚴，當地人看了也一定很高興。」

一直面帶微笑的堪布回答：

「是啊，是啊，貝瑪和袞秋，你們兩個要不要也做一套？」

看我們意願還是不高，李師姐再扣上一頂大帽子：

「上師都這樣說了，弟子應該要聽上師的話，讓上師歡喜，不是嗎？」

貝瑪最後勉為其難答應了，我還是堅決拒絕。除了因為負責法會攝影紀錄，長褲比裙裝方便外，主要因為不認同她的說法。法會雖然也會有印度人參加，但畢竟是少數，主要仍以藏人為主，若說要表示盛重與莊嚴，應該是穿著藏族傳統服飾比較合理吧！

但我也不想反駁，自曼谷機場和堪布會合以來，雖然才共渡一天，但我已看出李師姐、貝瑪和堪布之間非常熟稔、親近，在台北時聽過其他師姐提過她們倆都是寺廟的大功德主❶，我還是保持「沉默是金」吧！

試了好一會，沒挑選到滿意的，來到第二家，又不滿意，再換一家……，每一家都受到殷勤接待，同樣也是一塊塊布料攤展開來，直接纏裹在身上試穿。

堪布繼續陪著兩位師姐挑布料。黃師兄一人在附近東逛西逛，我和三位喇嘛站在門口等，以藏語閒聊幾句後，他們講話速度增快，我聽不懂，再也插不上嘴。

踱步走到旁邊商店，臉朝著櫥窗，看似瀏覽商品，其實思潮翻湧，心中充滿疑惑，想不通為什麼因為一個人想要做一套並非絕對必要的異國服飾，就要耗費掉這麼多人如此多的時間！

---

❶功德主，指布施錢財，供養佛、法、僧三寶的施主。

佛陀主張中庸之道，信佛修行不強調苦行也不自我放逸，我們都是學佛者，不是也該以中庸之道看待穿著這件事嗎？雖說女性愛美是普遍現象，但訂製一套印度傳統服飾？我怎麼想都不覺得這是一件必要的事。我之前皈依的漢傳佛教上師聖嚴師父，就曾說過一句經典名言：「需要的不多，想要的太多。」

　　這種行為若發生在自由活動時間，無可厚非，因為個人有選擇的自由，但現在團體行動，耗費的是所有人的時間。為什麼堪布這麼順著她的意願？這麼有耐心的全程奉陪，還自己充當印度語翻譯？為什麼不給她當頭棒喝，喚醒她別把注意力過度集中在外在事物，而應該追尋內心實相？

　　難道真的是因為她是護持寺廟的大功德主嗎？

　　想來想去想不通，反過來檢討自己：是我年紀略長，想法呆板，自律過嚴？是我自心不清淨，以致有分別心計較？

　　滿肚子疑惑，也不敢去問堪布。加入中心才一年多，無論是參加講

市集水果攤

經說法課程、各式法會或週末短期閉關，對我而言，堪布一直是端坐高廣法座上的嚴師，我這個笨鳥弟子，資質平凡又口拙，素來都只是默默遵循上師引導盡力修行而已，除了一、兩次堪布個別指導弟子，得以和堪布單獨一對一談話外，我從不曾主動親近上師、找上師說話。

昨天以來，看到兩位師姐和堪布間的親近互動，有點震驚，法座上威嚴肅穆的上師原來也有平易近人的一面，堪布親切祥和得宛如慈父，我暗自羨慕兩位師姐，和堪布可以閒話家常，甚至開玩笑。

瞄一眼布料店，她們已經初步挑出好幾塊布料，難以取捨，於是拿出手機拍下不同布料纏裹在身上的整體表現感，然後一張一張圖片比較討論，交換意見。

店裡還有好幾位印度仕女也在挑選布料，大部分的布料都很華麗，鑲金嵌銀，運用五顏六色的亮片和小珍珠繡縫成各種圖案。

「這麼華麗的服裝風格，即使送我，我也不可能穿。」我在心裡想。

十多年前，我還在中日合資大化妝品公司擔任廣宣工作時，華麗流行的衣著及裝扮是一種絕對的必要，公司裡美女如雲，擅長裝扮，爭奇鬥艷，長久相處之後，卻也讓我看清：再華麗的裝扮也無法帶來內心真正的快樂。

年輕時我也曾經「用加法過日子」，年紀漸長，加上修習佛法，「爲學日增，爲道日損」，世俗事物變得越來越不重要，只要心靈越來越豐富，生活可以越來越儉樸。衣櫃裡的華服全部送人或回收，只留下穿起來無拘無束的休閒服；項鍊、手錶早已不戴，連早期開始接觸藏傳佛教時戴的一串天珠也取下了。

「素」的滋味很好，讓我從裡到外都似雲淡風輕，正是「人間有味是清歡」！

對於穿著，達賴喇嘛也說過，當他還在拉薩時，因身分而需穿著昂貴的絲綢錦緞服飾，但他認爲如果付出太多注意力於這些，教義和儀式本身會變得膚淺而失去意義。流亡印度後，正好有機會可以改變，他停止穿昂貴奢華的衣服，覺得穿簡樸的僧侶長袍很好，舒服而且易於洗滌。

一襲僧袍走天下，真是令我羨慕。

我估算了一下，她們挑好布料後，還需挑選搭配內穿的緊身上衣，

然後將布料送到裁縫店由裁縫師量身訂製。看來還要再等上好一段時間，既來之則安之，我告訴自己別再東想西想了，專心持咒吧！

意外地，正如上師曾開示──看待煩惱與痛苦，別妄想逃避或抗拒，只要像大海看著自身的波浪；像天空俯視著飄過的雲彩；像年老智者看著小孩子玩耍，煩惱與痛苦就會自己無聲無息地消失。

果然，專心持咒後，像是按下「靜音」鍵，原本喧鬧的人聲、車聲、音樂聲、店員吆喝聲，只剩下影像，有如默片放映。疑惑、紛雜的心，也在一心持咒中慢慢沉澱轉爲清明，接著靈光一閃，幾個念頭相繼浮現，宛如爲剛才的疑惑提供了答案。

上師的行爲舉止無論很佛法還是很世俗，並不能從外在表現來論定，主要依據起心動念。是堪布明白每位弟子的習氣，因材施教；是堪布瞭解每個人內心深處都有許多潛伏的慾望，越被壓抑越危險；是堪布瞭解一個世俗慾望很強的人，在還未看清自我之前，若勉強修行但心中繫念著世俗，不僅痛苦，而且那樣的修行沒有一點效果。因此，先順弟子習氣，引領逐步經驗「成、住、壞、空」的變化，終有一日，使其自個兒恍然大悟，明白世間事物的虛幻，再打從心裡捨棄一切。

一定是這樣！

我爲自己剛才對上師行爲興起問號感到慚愧，由衷懺悔。凡夫如我都很容易這樣吧，只看到一小部分就執著於自己的認知，我不應該以偏概全，以爲自己看到的就是全部！

佛陀因應弟子資質的不同，而有八萬四千法門的教誨，我看到的不過是堪布方便善巧的教法之一罷了。

母親的搖籃河

大清早，堪布來敲房門，告知直昇機進行維修、停飛，我們要改搭吉普車。

聽到這消息，我暗自高興。雖然搭機可以節省許多時間，但自從知道車路是沿著雅魯藏布江北行，私下就比較想搭車，好一路瀏覽山中風光。

八點半，上車前往碼頭，晨霧迷濛，車和人一起上船，堪布告訴我們必須先走水路逆江而上約兩小時，上岸後，再開車走山路一天半。

晨霧漸散，站在船舷環顧四望，心中浮現幾許興奮夾雜著錯綜複雜的滋味，眼前這條看不到對岸的寬廣河流，在西藏叫「雅魯藏布江」，是世界上海拔最高的大河之一，發源於西藏西南部喜馬拉雅山北麓冰川，由西向東奔流於高原南部，繞過喜馬拉雅山脈最東端的南迦巴瓦峰後，轉向南流，流進印度改名「布拉馬普特拉河」（Brahmaputra），再流進孟加拉與恆河會合，注入孟加拉灣。全長將近三千公里。

位於西藏境內的雅魯藏布江是我所熟悉的，整條流域除了下游（雅魯藏布江大峽谷）對台灣人管制無法前往外，上、中游都去過了。上游水道曲折分散，湖塘星羅棋佈，中游彙集了眾多支流，江寬水深，有些河段可以通航。據說到了下游，河谷呈 V 字型，兩側陡壁懸崖，水流湍急，蘊藏充沛的水力資源。

雅魯藏布江藏語意思是「高山流下的雪水」，藏人視其為「母親河」和「搖籃」，因為它哺育著江河兩岸的藏族人民，創造出絢麗燦爛的藏族文化。

2005年我在西藏第一回搭船渡江前往多吉札寺，至今還記得當時心裡滿溢興奮與喜悅。學生時代上地理課，讀過無數次雅魯藏布江，從不敢奢望有生之年能親見其廬山眞面目，更別提搭船悠遊了。

這宛如母親的搖籃河啊，從此牽引著我孺慕之心！

不知道布拉馬普特拉河印度語的意思是什麼？❶應該也具有特別的意義吧。阿薩姆邦境內的河域，冬天旱季，河水下降，河中央會出現大大小小的沙洲，直到6至9月的雨季淹沒在水裡。雖然夏日雨季時經常造成兩岸氾濫成災，但也沉澱遺留肥沃的沖積土有利耕種，這只要從阿

---

❶回台後查資料，才知道「布拉馬普特拉」是梵語，意思為「梵天之子」。

清晨霧中的布拉馬普特拉河（雅魯藏布江）

霧散後

薩姆到處是綠油油的農地及茶園，便可略窺一二。而且提供了內陸航運，運載大量物品。

顯然，這條河流不僅是西藏的命脈，對印度也具有重要的經濟價值。這符合了我旅行世界十多個國家的經驗：一座城鎮只要擁有一條大河，總是利多於弊。

時爲7月，是河水量最豐盛的季節，船行順暢，涼風徐徐，終於脫離了抵達印度以來感受到的悶熱。江水近看有點混濁，還不斷有飄浮物流過，我望著看不到對岸的寬廣水面，努力把這條河和西藏境內的雅魯藏布江聯想在一起，卻是很遙遠的兩種印象。

近年來，傳出中國規劃在雅魯藏布江大峽谷興建三十八億瓦特的水電站，打算將雅魯藏布江豐沛的水資源引向黃河流域，以緩解中國北部缺水問題。雖然中國政府尚未正式證實，有關此規劃的討論卻非祕密。此項舉動引起印度和孟加拉的疑懼，擔心這一工程如果實施，兩國的大部分水源將被切斷。印度曾提出抗議，但中國未正式回應，僅提出「物理學定律不容許從大拐彎處調水」駁斥。

河水無論流到哪一國，都不會去分別中國、印度或孟加拉，它一視同仁，只是如實地隨季節、隨地勢、隨天候變化而有消長。比起天災水患，更可怕的是利用河流的自私人類吧！

大約兩小時後上岸，不久從阿薩姆邦進入阿魯納恰爾邦，道路變狹窄，路況變差，景觀也從平原轉爲山區。山路沿著江邊迂迴盤繞，一路顛簸，堪布說這條山路還是近十年來印度爲了軍事邊防目的才開發的，以前只有山徑，出入全靠步行。但即使有了車路，路面坑坑洞洞，一到雨季，泥濘積水，經常坍方路斷，且大部分路寬只容一輛車通行，會車大費周章。

路況差，車內的人也坐得辛苦，堪布坐在司機左側（印度車輛爲左行），我們四人擠在後座，輪流兩人往後靠兩人向前傾，每當車子爲了閃躲凸石窪洞而緊急向左或向右時，四人就隨之東倒西歪，不時傳出坐在窗邊者頭部撞擊車身或玻璃窗的「咚」聲，大家開玩笑，多撞幾下當頭棒喝，希望能早點開悟。

崎嶇不平、滿佈大小坑洞及石頭的山路，走了一陣輪胎就破了，換好備胎繼續上路，沒多久底盤又不愼撞到路中央突起的大石塊，車子發出陣陣奇怪的噪音，爲我們開車的司機是寺廟的扎西喇嘛，多次停車鑽

進車底檢查，但找不出原因。

這一天因為換輪胎及修車，耗費不少時間，抵達中途唯一可住宿的招待所，已是晚上九點多。招待所位於小山丘，跨進大門，房間沿著中庭花園成環狀，整體格局乍看氣派，細看卻顯老舊，許多牆面都潮濕發霉，角落蜘蛛網盤生。

堪布解釋說這間招待所屬於政府所有，是為了官員前來山區視查和開會而建，因官員久久才使用一次，所以平日也對外開放，但往來居民不是連夜趕路就是寧可住一晚只要幾十盧布的便宜民房。

算了算，一間房300盧布，可住兩人，一人150盧布，約台幣110元，我們覺得很便宜，但對當地人而言，還是一筆不小的支出，難怪鮮少人進住。

再華麗的房屋，只要長期缺乏「人氣」，就損毀得很快。

入夜，躺上床，天花板有一塊塊的霉斑，蚊子在蚊帳外圍嗡嗡飛，經過一整天舟車勞頓，身體疲累了，但心裡反覆想著明天就要抵達貝瑪貴了，這趟聖地之行，會對我的生命帶來什麼樣的影響呢？

我在西藏第一回搭船渡雅魯藏布江前往寧瑪派多吉扎寺

經驗告訴我：冥冥之中，一切自有安排，將自己放空投入，以平常心去迎接未知，就會有意想不到的驚喜。

　　側過身，躺成吉祥臥姿勢，安心地闔上眼。

上岸後，車路沿江邊山腰迂迴，一路顛簸。

啊，和印度警車相撞

為了趕路，天還沒亮就起來準備，吃過早餐，五點多出發時天才濛濛亮，離開小山丘，下行回到正路，路旁有一立牌，這個村莊叫Jengging。轉彎後，來到一開闊處，山谷間晨霧瀰漫，下車欣賞山景，沉醉在空山靈雨煙霧中。

彎道增多，不斷出現匯入雅魯藏布江的小支流和溝澗，小山谷阻斷去路，車道往裡繞，直到山谷最窄處，才有小型鐵橋橫越溪澗而過。有時往裡繞行數十分鐘才過橋，大家直呼若能截彎取直就快多了！

因為山路狹窄幾乎都是單線道，每個轉彎前，扎西喇嘛都會按喇叭，對向來車也是，互相提醒，以策安全。正當大家已經習慣吵雜的喇叭聲不斷劃破寧靜的山中氛圍時，一個轉彎，突然一輛吉普車迎面正對著我們衝過來，剎那間，對方司機往外側江畔打方向盤，扎西喇嘛往內側山壁打方向盤，彼此想要避開撞擊，但已來不及了，我口中的「啊」字都還沒喊出聲（腦中一個念頭已先閃過──這個轉彎怎麼剛好彼此都沒按喇叭呢？），瞬間兩車已碰撞在一起，伴隨著緊急剎車的尖銳聲及巨大的撞擊聲，我腦中出現了幾秒鐘的空白。

當時輪到我和李師姐兩人前傾而坐，我坐在左側靠窗位置，雙手原本輕靠在前椅背，緊急剎車及撞擊的力道使得身體整個往前衝時，雙手阻擋住部分力道，但額頭卻往前撞到前椅背及車身，感到左額頭疼痛的剎那間，想起坐在我正前方的堪布，這一路上都沒繫安全帶，不禁焦急的大聲問：

「堪布，您還好吧？」同時，其他三人也此起彼落地問候著堪布。

「沒事，沒事，我沒事。你們大家怎麼樣？」堪布回頭關心大家的狀況。

彼此檢查了一下，往後靠著椅背坐的兩人沒事，我的左額頭有輕微紅腫，李師姐最嚴重，兩個膝蓋往前撞擊到前面兩車位間的小置物箱，破皮出血。

扎西喇嘛右側車門卡住了，他用力勉強打開一些，下車察看狀況，我們也紛紛

車禍慘況

下車。對面車子走下幾個身穿制服的人，啊，和我們相撞的是印度警察的吉普車，好像只有保險桿歪了，卡住輪胎，他們拿出工具箱敲敲打打開始修理。

看來我們的車況比較嚴重，這輛舊吉普車原本是揚唐仁波切❶的座車，在他們寺廟汰舊換新時，堪布買了下來，這樣隨時要往來貝瑪貴與Dibrugarh（離貝瑪貴最近的大城市）之間，比較方便。和警察那輛嶄新的吉普車對撞，當然是我們這輛老舊吉普車吃不消，不但車燈與保險桿破裂分離，引擎蓋也整個扭曲變形，卡住司機座門無法全開。

黃師兄幫忙扎西喇嘛仔細檢查，我在心中祈禱諸佛菩薩護佑，車子可別壞掉，否則荒郊野外，手機也沒訊號，要怎麼辦？離貝瑪貴還有一百多公里呢！

檢查之後，慶幸水箱沒破，只是冷卻風扇的外罩破裂卡住皮帶而已，黃師兄表示只要油路和水路系統都沒斷，車子就能開。聽到這個好消息，大家立刻七手八腳幫忙拆掉壞損的部分，黃師兄和扎西喇嘛重新接線，期間，幾個步行或騎摩托車先後路過的當地原住民，好奇地停下來圍觀。

修車過程，因為幫不上忙，我站在一旁看著，順便拍照記錄，望著車頭受損慘狀，餘悸猶存，車毀人平安算是不幸中的大幸，尤其堪布坐前座又沒繫安全帶，能一點事兒都沒有，實在是奇蹟，這應該是他業力清淨之故吧！一路上堪布除了偶爾和我們說話外，大多時間都是手持佛珠持咒，我們後座四人則有時持咒、有時聊天、有時睡覺、有時瀏覽風景，忙碌得很。

雙方忙於修車時，堪布在兩車之間來回關懷，看到哪邊缺少了什麼工具，就幫忙向另一方調借。我注意到他關懷警察的時間並不比關懷我們的時間少，完全不像警察和我們幾人之間壁壘分明的「各自為政」。佛法所說的「眾生平等」、「無二分別的慈悲心」，我從堪布的作為看到了。

---

❶揚唐仁波切為大成就者無垢友尊者的示現化身，1928年降生於錫金，返回四川爐霍多芒寺坐床，成為住持，文革後過了二十幾年近似閉關的生活，大陸宗教開放後返回錫金定居，是位殊勝且謙虛的大成就者。寧瑪派貝諾法王曾開示：「揚唐仁波切與我無二分別。」

各自修好車後，外表看似斯文的印度警察居然開口跟我們要賠償費。本來一直緘默修車的扎西喇嘛，隨即用印度話劈哩叭啦地和對方理論，我們當然一句也聽不懂，只能精神支持，旁邊圍觀的原住民也跟著七嘴八舌不知在說什麼，猜測應該是傾向支持我們，因為我們車子的慘況一目瞭然。

　　對吵一番後，同意各自負擔修理費。警察先開車離開，我們收拾地上的破裂物片放到路旁草叢，這才上路。

　　約半小時後來到一個小村莊，堪布轉頭對車禍後變得特別安靜、一心持咒的我們說：「下來喝茶，扎西去買汽油，我帶你們去看我住過的原住民房子。」

　　堪布說他有一次回貝瑪貴，本來要連夜趕路，結果車壞了，只好在這個珞巴族村過夜，第二天醒來，被蟲咬了幾十口，全身又癢又紅腫，也沒藥擦。

堪布住過的珞巴族民家

當堪布指給我們看他當初過夜的那間老舊竹屋，笑著說事情經過時，語氣平和，好像說的是別人的事。我一陣鼻酸，為了弘揚佛法，將近十年來，堪布遠離家鄉，在印度、台灣、香港三地奔波，若不是這次跟隨堪布走一趟，我們從不知道路途之遙遠與艱辛，台灣弟子真該要好好珍惜和上師之間的因緣啊！

因為車子受損，一路開得很慢，正好可細賞兩旁傍著蜿蜒江河的茂盛林相，景色時而秀麗時而壯觀。忽然路旁出現幾頭器宇軒昂的牛，和印度牛印象完全不同，堪布立即說明這是貝瑪貴特有種的牛，四隻腳是白的，大家笑開懷：

「哈，穿著白襪子的牛！」

最令人興奮的是，看到貝瑪貴牛就表示貝瑪貴快到了。

不一會兒，對面來了部滿載桶裝瓦斯的小貨車，看到我們立刻停住，車裡的人全下車來向堪布恭敬地獻上哈達②，離開時，還跟我們說了「扎西德勒」（藏族問候祝福語，意思為吉祥如意）。他們是來自土亭村的藏民，以前貝瑪貴地區只燒柴火，後來有人引進桶裝瓦斯，目前經濟比較好的人家都是木柴與瓦斯併用。

一個山路轉彎，路旁空曠處，十多人手持哈達等在那裡，原來是村民準備了桌椅、奶茶、水果、哈達，這是藏族迎接上師和賓客的一種傳統風俗。雨後初晴，山嵐迷濛，在煨桑煙霧中，我們喝下香濃的奶茶，也飲下藏民滿溢的熱情。

離目的地只有一公里多了，路旁開始出現五色風馬旗，迎風飄搖，當車子離開主道向右之形而下，路旁立了一木牌「Welcome to Tuting」。到了，寺廟就位在土亭村最裡側，緊臨雅魯藏布江。從上往下望，可以看出土亭是個群山懷抱的小盆地，民房散落在綠林之間，雅魯藏布江由東北流向西南，環繞村子而過，村子東側隱藏在山林之中還有一條仰桑河，由東向西匯入雅魯藏布江。

正沉醉在山村寧靜的暮色之中，忽然，印度軍區躍入眼簾，心頭緊了一下，想起拉薩街頭到處都是公安、武裝部隊、軍人荷槍實彈的駭人景象，怎麼無論走到哪裡，藏人的命運都這麼慘啊？

---

②哈達是藏族禮儀用的一種長方形絲織品，大多為白色，代表純潔。獻哈達乃是藏傳佛教寺廟以及藏族人民一種普遍而崇高的禮節。

路旁美景

宛如穿著白襪的貝瑪貴牛

Image © 2012 GeoEye

土亭村空照圖，上方橫白為直昇機跑道，寺廟在圖左河畔。

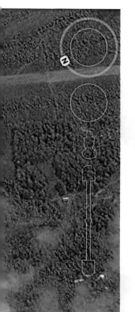

　　堪布解釋這裡離邊界很近，中印關係不太好，因此有印度軍隊駐紮防守，叫我們不用緊張，但停留期間，最好活動範圍都在寺廟，別單獨到街上亂逛。

　　車過村裡唯一的一條街，兩旁都是賣日用雜貨的小店兼住家，和台灣早期鄉下的「柑仔店」很像。堪布邊介紹這裡經常停電停水，邊和窗外村民擺手招呼，讓人感覺好像是回到堪布的「地盤」了。

　　靠近寺廟，看到站在路旁一字排開等候迎接堪布的大小喇嘛，以及身著傳統服裝的藏民，男女老少手捧哈達，掩不住歡欣之情。忽然明白，一年當中，堪布被港、台弟子「霸佔」十個月之久，只有冬季兩個月返回貝瑪貴過藏曆年，這次年中回來，對他們而言，當然充滿驚喜！

寺廟區空照圖

尋找黑夜裡的一盞明燈

我們住的木造臨時寮房

把行李放進特別為我們清空的四間寮房，小小的空間擺放著一床一桌一椅，枕頭、薄被全是新的，床與桌間地面鋪了長形藏式卡墊，小木桌上鋪了花布，桌上放置一堆日用品，有牙膏、牙刷、香皂、洗衣皂、小毛巾、大浴巾、衛生紙、蠟燭、香、火柴、電器轉換接頭，連電蚊香都有，全新的一套，讓我們受寵若驚，又有點過意不去。寺廟經濟拮据，這些雖是小東西，林林總總也是一筆開銷。向堪布表示大部分我們自己都有帶，不用這麼麻煩寺方，堪布笑著回答：

「你們是第一批從台灣來的貴客，我只打電話告訴他們要好好準備迎賓，詳細他們準備什麼我也不清楚呢！」

放下行李，進入尚未完工的寺廟，對著大殿中央釋迦牟尼佛、蓮花生大師、四臂觀音頂禮。佛像尚是粗胚，外表一身素淨，地面鋪著條狀木板，粗糙不平，殿中大柱及屋頂已繪製完成各式各樣的藏式吉祥圖案，四面牆壁則一片空白。

堪布在大殿中四處走動，這裡摸摸那裡看看，有時彎腰查看地板。大殿裡還未接通電源，陰天光線有點昏暗，我凝視著他壯碩的身影，彷彿看到他身上有一團光暈，隨著他的移動在昏暗的大殿裡形成一道光的軌跡。

在這樣偏遠的中印邊境喜馬拉雅山區，要興建這樣一座規模不小的

寺廟，是多麼的不容易呀！從2003年破土到如今即將完工，經歷了八年，對於沒有盛名依恃、沒有來自主寺和西藏流亡政府大力支援的堪布而言，興建經費的每一分錢都要靠自己募款，個中冷暖點滴，一言難盡。忽然有股衝動，我想大聲喊出，昭告天下：

「這位百折不撓，擁有堅韌毅力的堪布，正是我的上師！」

此行之前，堪布對我的印象或許僅止於「會說一些藏語，有點年紀的新進弟子」，但我對堪布的人生經歷卻一清二楚，他是我尋找多年才遇到的今生上師，我相信在某一世我們必定也曾有過師徒因緣。

2002年，因為採訪由蒙藏委員會與法鼓山合辦的「漢藏文化交流研習班」，來自印度、尼泊爾、拉達克等地的西藏僧侶，走入我的生命中。對這些身著藏紅色僧袍的修行者，我感到特別相應，充滿一種無法解釋宛如親人般的熟稔感，加上2000年首度拜訪西藏的美好經驗，宛如串聯上了本來淡忘、斷線的前世記憶，於是產生想要進入藏傳佛教殿堂、聽聞西藏佛法的強烈渴望。

生在台灣最大的幸福就是擁有百分之百的信仰自由，無論要參加佛教、基督教……，沒人會干涉；要聽聞小乘、大乘、金剛乘佛法……，也任君選擇。從此，我廣泛地閱讀藏傳佛教書籍及聽聞不同教派各個上師的佛法開示。

2005年獨自於雲南、西藏、四川藏區旅行五十多天，接著在西藏大學學習藏語文兩學期，回台後，我繼續在不同的教派中心聽聞藏傳佛法，學佛的三階段「聞、思、修」，一直停留在前兩階段。直到2007年，心中有個聲音響起：該實修了。

藏傳佛教特別重視傳承上師，將上師與佛法僧三寶相提並論，修持過程必定包含重要的「上師相應法」。因為我們生不逢時，無法親聆佛陀教誨，唯一能教導我們佛法、引領我們走向開悟的人，就是今世的上師；而且就像生病的人到醫院看病拿藥，凡夫需要的是佛陀的「心藥」，而協助開藥方的就是今世的上師。

我開始尋找我的上師，尋尋覓覓，我的上師在哪裡呢？

西藏佛教徒抱持著堅定的決心、虔誠的信心與深切的渴望去尋找上師，並如此形容：「我們弟子就好像酥油燈，燈油、燈芯都準備好了，上師就會來點燃，讓我們放出光芒。所以不應擔心誰是自己的上師？最重要的是要自問：『我準備好了沒？』」

這就是常聽到的那句話：「當你內心準備好了，上師就會出現。」反過來說，當你還沒準備好，就算上師一直在你面前，你也不會知道。

這使得一直找不到上師的我，納悶著：難道是因為自己還沒準備好嗎？

2007年底，為了撰寫書稿，我在拉薩住了一個多月，有一天和好友A通skype，她是資深藏傳佛教徒，談到我的困惑，她說：

「你就去大昭寺，老老實實跟覺沃佛（釋迦牟尼佛12歲等身佛）祈請啊。就是祈請，因緣應到就到。」

一語驚醒夢中人。我照辦，然後安心等待機緣出現。

隔年春季，參加「法光佛學研究所」舉辦的「藏文經典選讀」，由聲名遠播的藏中口譯專家張福成老師授課，張老師在講到解行並重時，很慎重地說：「如果你們對寧瑪派有興趣，想要實修，我建議你們可以跟隨堪布徹令多傑仁波切。我在台灣為那麼多仁波切、堪布口譯過，他是少數幾位證量很高又解行並重的上師，尤其長期駐台，帶領弟子作大圓滿實修，次第分明，是難得一見的好上師。」

當時班上十來個同學沒一個人聽過「堪布徹令多傑仁波切」這個名字，不知他是何許人也。一向不迷「名師」的我，倒是聽了張老師的建議後，有點怦然心動，或許機緣來到了吧。

不久，正好堪布徹令多傑仁波切主持的「寧瑪三根本佛學中心」舉辦「普巴金剛法會」，我報名參加，兩天法會結束後，對堪布的佛法開示留下深刻印象，也欣賞他的樸實謙虛，不譁眾取寵，心中有一種篤定與信心開始萌芽。

有人形容尋找上師有點像是尋找愛人，業力扮演一個重要的角色。通常弟子與自己的上師初見面時，心靈會有一種反應，自然開啟，知道這就是自己真正的上師。當時我直覺認為：終於找到了這一世的上師，但理智仍不敢鬆綁，鞭策我收集相關資料，深入瞭解堪布的行誼與願心，這才百分百肯定。

堪布是寧瑪派白玉傳承❶在印度復建的南卓林寺第一屆佛學院所培育出的五位昇座堪布之一，1958年誕生在貝瑪貴，13歲時就皈依轉世

---

❶寧瑪派分六大傳承，以寺院名為代表，包括在雪域中部的多吉札寺、敏珠林寺，藏東的雪謙寺、佐欽寺、噶陀寺、白玉寺。

南卓林寺第一屆佛學院所培育出的五位昇座堪布，正中間為堪布徹令多傑仁波切。

在貝瑪貴的敦珠法王，接受教法和灌頂，並在達娃祖古尊前接受四加行❷傳授。有一天在田裡工作時，不小心將一條蚯蚓砍成兩段，內心悲慟許久，母親知道後說：

「你如果生活在這裡，就無法避免這樣的事情。」

有感於兒子深切的悲心，睿智的母親在他16歲時，讓他前往拜見當時住在尼泊爾的敦珠法王，依隨學習佛法。六個月後，敦珠法王要前往法國，指示堪布前往南印度依止貝諾法王出家，並預言堪布將來會利益更多眾生。

於是堪布克服萬難，千里迢迢從北印度輾轉抵達南印度，就讀「雅

❷藏傳佛教每一種修持都分為前行、正行和結行三大階段，「加行」藏文原義為「序曲」，相當於前行階段，是實修一切金剛乘之前必備的基礎。

堪布徹令多傑仁波切近照

久寧瑪佛學院」九年，期間幾乎每次考試都得到第一名，通達顯密一切經論；也曾經在達賴喇嘛尊前辯經、講經，得到尊者相當肯定。

堪布依止貝諾法王，修學加行法、氣脈、大圓滿立斷和頓超等，圓滿三根本咒數的閉關，並留在印度教學長達十八年。接著，貝諾法王派遣他前往尼泊爾雪謙寺擔任四年堪布；1996年又派他到西康白玉寺教學三年多。

前前後後，堪布從根本上師貝諾法王及頂果法王、貝諾法王、多竹千法王、晉美彭措法王和其他諸多成就者處，得到寧瑪派一切教法的灌頂和口訣。由於堪布奉行：只要是正信的佛法，即使教派不同，也應該對其教法虔誠、恭敬，虛心受教學習。因此他除了從達賴喇嘛處得到格魯派傳承與時輪金剛的灌頂，也獲得薩迦派薩迦法王傳承的一切灌頂。

1997年，堪布還在白玉寺主持佛學院，達娃祖古圓寂，留下遺囑：「將來，利益貝瑪貴教法與眾生之責，要由堪布徹令多傑承擔起！」

達娃祖古是敦珠法王特別交待要留在貝瑪貴弘法的瑜伽士，等於是法王代理人，家鄉民眾一心寄託於他，視他為唯一的皈依處，遺言要堪布承擔大任，堪布感覺憂喜參半，憂心的是以自己棉薄之力，不知能否達成任務；歡喜的是將有機會為佛教廣傳及利生事業累積些微善業了。

堪布專程前往西康亞青寺向大成就者堪布阿秋仁波切就貝瑪貴的未

來請示，得到指示：「達娃祖古的轉世也許出生在他家人其中一戶，你若在該地建一座寺廟的話，對於教法與眾生將有很大的利益。」

1999年堪布從西藏回到南印度，向貝諾法王請示，法王告訴他：「你不要只建出家眾的寺院，也要設法建一座密咒士的寺院。……現在時局很好，住哪兒都沒差別，將來如果時局變壞了，那麼除了貝瑪貴，別無去處，在蓮師的授記中有許多這類的話。」

過了兩週再前往晉見，法王賜予寺名「也桑董阿蔣秋達杰林」（藏語，意為定密經咒菩提增廣洲），中文名為「菩提昌盛寺」，並寫下向不分教派的十方施主介紹堪布及勸善募款的信函，還指示堪布必須前往台灣等地，結下法緣，以後貝瑪貴要蓋寺廟就沒有困難。

同年底，堪布首先赴歐洲，再轉往新加坡、菲律賓、香港、台灣等地，弘法事業之輪蓬勃發展，終於在2001年，於貝瑪貴普巴金剛聖地上先建了十三間臨時房舍，包括僧寮、行政人員宿舍、廚房和倉庫等。

2002年，堪布二度來台，一時毫無助緣，數月間，每天僅以麵包裹腹，身雖困乏，道心不減，忍人所不能忍，行人所不能行，一心只為

首位捐獻土地給寺廟的當地藏民甲措

堪布於貝瑪貴興建的菩提昌盛寺

弘法利眾，這種為法忘軀、堅韌不屈的精神，終於感得法緣漸現。之後，板橋弘法中心、高雄弘法中心相繼成立❸，堪布用心為弟子作聞思修的規劃，並引領弟子次第實修。隔年，邀請達賴喇嘛及貝諾法王蒞臨貝瑪貴，加持地基並舉行破土及開光灑淨儀式。

從此，每年堪布駐錫台灣十個月，引領弟子次第實修；冬季返回貝瑪貴兩個月，來回奔波。

經過感性與理性雙重驗證，我於2008年6月皈依堪布，加入堪布親自指導的「大圓滿前行」班，每月閉關一個週末實修，次第分明地向前走。

暮色漸濃，大殿內更暗了，堪布身影幾乎已被夜色吞沒，但於我心中，他永遠是黑夜裡的一盞明燈，在顛沛流離、茫無止盡的輪迴長夜中，有了這盞明燈，我的生命就有了前進的方向。

---

❸台中弘法中心於2012年3月成立。

夢裡知道自己在作夢

經過兩天輾轉顛簸，抵達貝瑪貴的第一晚，在寧謐氛圍中，伴著雨聲很快入睡，睡得極為沉穩，直到作夢醒來。

夢裡被一困境所擾，依稀是被人冤枉，百口莫辯，就在即將被警察抓走時，情急中，一個念頭清晰浮現，我突然明白自己正在作夢，當下告訴自己：「這是夢，我在作夢。」字字分明，念念清楚。剎那，緊繃的身心頓然感到無比放鬆，然後清明地醒了過來。

醒時天還沒破曉，黑暗中，有幾秒鐘意識一片空白，弄不清楚當下身在何處，直到環視周遭，喔，我在貝瑪貴寺廟的臨時寮房裡。

這是我有生以來第一次在夢中明白知道自己在作夢，那個剎那，好像一個被濃霧包圍的迷路者，忽然濃霧散開陽光普照，看到清晰的小路就在眼前，豁然開朗伴隨著清明。

這個「夢中知道自己在作夢」的夢，給我帶來完全不同於以往作惡夢作美夢的經驗，身心輕盈澄澈。

曾收集有關作夢的資訊，發現儘管專家學者對夢的起源和意義仍存在許多紛歧，但大多同意有些夢具有創造性及神祕的力量。俄國化學家在作夢時發現化學元素週期表；愛因斯坦相對論有部分內容來自夢中；不少文學名著的創作由夢所激發；有些音樂創作也出自夢中。

人生有三分之一的時間在睡眠中度過，睡眠中，所有的人都會作夢。科學家統計人在睡眠中約有四分之一的時間都在作夢，尤其接近黎明時，有極大比例的時間都在作夢，只是醒來後大都不記得罷了。

佛經中常以「一場夢」的譬喻來形容我們凡夫認為真實存在的現實世界，事實上都是不真實的，只是因緣和合下的現象，如同水中月、鏡中影、海市蜃樓等一樣虛妄。

在真實生活裡，人的一生也像一場夢，高僧大德不斷提醒我們必須有所覺知，才能發現人生大夢和夜間小夢，只是時間長短而已，實質上沒什麼分別。

如果在作夢時能清楚知道自己在作夢，那再可怕的惡夢也不會害怕了，因為不管夢是好是壞，是悲是喜，你知道「夢就是夢」，那僅僅只是一場夢，等下就會醒來；醒來後一切就會化為烏有。

同樣地，在人生大夢裡，就跟夜夢中知道自己在作夢一樣，無論是順境逆境，是貧是富，是貴是賤，都不用太過於執著，只需如實接受，因為那也僅僅只是一場夢，只是時間長達數十年罷了。

　　學佛以來，逐漸有點兒明瞭人生不過是另一場大夢的道理，出離心因此而萌芽，但並不因此而消極過活，因為在人生大夢未醒之前，仍需認真作夢。此中奧妙，聖嚴法師於八〇年代在美國指導禪法時，曾有過一個很棒的開示，他說：

　　「精進的禪修者就像一個試圖登上玻璃山的人，山坡很陡也很滑，更糟的是，上面還塗滿了油。登山者打著赤腳，每一次盡力往上爬，都還是滑了下來。但他還是不斷地嘗試，一次又一次地往上爬，直到筋疲力盡地倒下不支，沉沉地睡去。當他醒來時，玻璃山已經不見了，才發現之前所有的努力都只是一場夢；根本不需要爬，也無所謂前進。但在夢裡，山確實存在，如果當初沒有嘗試去做這件不可能的任務，也不可能從夢中醒來。」

　　所以，雖然說人生如夢，但也要認真作夢。再進一步思索，若一個人活60歲，其中有二十年的時間都在睡眠中度過，二十年的時光足以讓一個生命從嬰兒長成大人，怎能不好好利用睡眠的時間呢？

　　藏傳佛教中有「睡夢瑜伽」的修行方法，這次「夢中知道自己在作夢」的經驗讓我對「睡夢瑜伽」升起濃厚興趣，昔日大師也曾說過：「夢覺知是證悟之道。」該找機會向堪布請法了！

後記

　　回台後向堪布請教：

　　「為什麼在貝瑪貴作夢，好幾次都能在夢裡就知道自己在作夢，但離開貝瑪貴後就沒了，又恢復直到醒來後才知道在作夢。」

「因為貝瑪貴曾受蓮師授記，加持力特別大，遮住本然明性的障礙就會減少，讓我們的心比較清明。這就好像遮住太陽的雲層消失了，陽光自然就能顯現出來照耀大地一樣，所以能在夢中看清自己在作夢。回來台灣後，染污比較多，心就會像混濁的水一樣，不容易看清楚。」

「那該如何才能延續貝瑪貴的清明心呢？」

「平日要多作空性、人生如夢的觀修練習，努力獲得覺知。如果每天都花一點時間練習，專注觀修所有一切都是一場夢的話，練習多了，就能把這種經驗帶到睡眠狀態中去，那就能在夢中保持覺知，知道自己在作夢。」

後來，又作了一個很特別的夢，夢中和堪布、喇嘛、師兄姐等眾人在河邊要過河，大家傷腦筋隨身東西很多，還有林林種種的經書一本一本的，如何帶過河？正在煩惱，堪布胸有成竹說：

「沒問題，看我的。」

瞬間眼前出現九個箱子，堪布大手一揮，把所有東西全裝進箱中，大家你一箱我一箱輕易地就扛上船，過了河。

過河後的情節不記得了，記得最清楚的是明晰浮現的想法：

「九個箱子，不就是九乘佛法（寧瑪派修學的次第法門）嗎？」

後來把這個夢講給中心資深師姐聽，她聽到九個箱子也立刻聯想到九乘，並詮釋河流代表生命輪迴之流，扛九箱經書過河表示以九乘佛法為舟，才能抵達涅槃自在的彼岸，而堪布就像掌舵的船長。

無論這個夢傳達了什麼意義，作了這個夢後，我感覺自己和上師之間的心意靠近了。

愛眾生也要愛螞蝗

法會開始前兩天，堪布除了處理寺廟庶務及接見信眾外，也抽空帶領我們前往較近的幾個聖地朝聖，同行的是已閉關三年三個月圓滿的不丹籍欽列喇嘛。

在寮房前集合出發時，李師姐向堪布半陳述半抱怨貝瑪貴蚊蟲欺侮她，她的手和腳被咬了好多好多，大家一看，果然手腳都有，由於她皮膚白晰，咬痕紅腫特別刺目，堪布見狀邊安撫她邊囑咐侍者喇嘛去拿藥來。我們其餘三人只有被咬零星幾口，開玩笑說大概是她細皮嫩肉所以比較受蚊蟲青睞。

堪布在她擦藥時，以輕快的口吻說：

「布施，布施，就當作布施給貝瑪貴的蚊子囉！」

「對啊，我每天都有修『施身法』，蚊子咬我時，我就觀想是在修施身法。」

「哎喲，幸好不是老虎出現，不然你一定跑了。」

在大家的笑聲中出發。心思敏感的我，對堪布這句話思索許久，堪布有特別用意嗎？是在點出修「施身法」是在大悲心攝持下，全心全意利益眾生，乃至把自己的身體變成甘露，上供諸佛菩薩，下布施四魔及六道眾生，以解除眾生饑渴之苦，經由這樣觀修破除我執，悟入空性。如果連小小蚊蟲叮咬都會造成煩惱，又怎麼可能如佛以大慈悲心「捨身餵虎」？那才是修施身法的最高境界啊！

寺廟朝向東南，雅魯藏布江沿著寺廟東北側流過，再往南流，順著寺廟前方通往村中的柏油路，走沒多遠路旁有一片草地插滿高聳的竹竿祈福旗，緊鄰著斷崖下方便是浪濤滾滾的江水。再往前走沒多遠，越過村子邊緣，眼前出現爛泥路。

7、8月是雨季，路面溼滑積水本是預料中的事，但沒想到滿地都是泥濘的爛泥，腳踩下去就深陷泥中。剛開始，我們還設法左繞右繞，跳著走，後來發現許多路段根本避不開，只好面對現實，勇敢踩下去，不一會兒鞋子全變成千斤重的泥鞋。這時不禁羨慕起一路輕鬆前行的欽列喇嘛，他的高筒雨鞋所向無敵。

來到橫跨雅魯藏布江的藤索吊橋，是附近數十公里唯一可渡江處，由原住民以木板、藤索及鐵絲編成，這種藤索橋非常奇特，沒有橋墩，不用鐵釘，全以鐵絲和藤索纏繞固定，藤索取自山中原始森林，柔軟堅韌。

站在吊橋這頭，往前望去，每隔幾步橋面上就有一拱型的粗竹籬，隨著距離而形成大小連續不斷的圓弧，向前迤邐。這時，雨已停了，山嵐飄渺，江面霧氣升騰，景觀如夢似幻，若隱若現，令人升起幻想：吊橋是通往仙境的入口。

走沒幾步，吊橋輕微搖晃，長年風吹雨打，橋面鋪設的木板脫落嚴重，到處懸空，若只少一片還不可怕，遇到連缺兩片、三片，必須半跳躍式的大步才能跨過，視線直落底下湍急的江水，驚險刺激。

邊望著殘缺的橋面邊謹慎移動腳步，同時輔以左右手輕扶住兩旁鐵絲，增加穩定度。突然，吊橋劇烈搖晃，原來是對面來了幾個原住民，正快步向我們靠近。他們行動敏捷，如履平地，彷彿腳底長有眼睛，不用看懸空的橋面，三步併作兩步，和我們錯身而過時，才看到他們身後還揹著裝滿東西的大竹簍呢！

走到橋中央，堪布指著右後方下側江畔，介紹那裡有處「馬頭明王」❶聖跡，此時淹沒在水裡，只有冬季枯水期才會顯露。

過江後，穿過一個珞巴族小村，走進密林中，兩旁茂密的林相和台灣中低海拔山區很像，小徑彎來彎去，叉路很多，幸而欽列喇嘛路況很熟，一馬當先帶路。

第一個抵達的聖跡是「大鵬金翅鳥雌鳥」，大鵬金翅鳥是傳說中一種類似鷹的鳥，在西藏代表火元素。在印度教裡，大鵬金翅鳥半人半鳥，是毗濕奴的坐騎。貝瑪貴的大鵬金翅鳥聖跡有兩處，分為一雌一雄，雌鳥在密林中，雄鳥在江畔草地上，一般相信雌鳥的威力大於雄鳥，因此環繞著雌鳥聖跡周圍掛滿五色風馬旗，並有眾多祭拜、煨桑痕跡。

繞聖跡轉三圈後，堪布指著青苔石上一個光滑的橢圓形石頭說：

「這是大鵬金翅鳥雌鳥的蛋，若能扛在肩膀上，繞著走一圈，表示業力清淨。」

聽到堪布以前曾扛著繞一圈，大家興沖沖也想嘗試。兩位師姐都屬瘦弱型，當然拿不動，我勉強抱起來到腰側，再也無力舉高，堅持了一會兒，只得放棄。連黃師兄也失利後，四人七嘴八舌，表示太難了。

---

❶馬頭明王乃觀音千萬化身之一，是觀音協助修行者降魔除障的形相，形相凶惡忿怒，是為了利益眾生而現。由於以馬置於頭，或稱馬頭觀音。

江面冉冉升起的煙霧，像透明羽紗在半空中輕輕飄動。

　　堪布笑笑：「我來試試看。」

　　大家有點緊張，屏息以待。年紀已過半百的堪布，半彎身，兩手扣住石蛋，一運氣就把它舉高放到肩上，在我們目瞪口呆中，兩手一前一後托著，已邁開步伐往前走了，我們趕緊跟在後面繞圈，邊提醒堪布小心、邊讚歎堪布。

馬頭明王正面，深淺色澤便是水淹痕跡。

冬天露出的馬頭明王聖跡，夏季時大半隱在水裡。（此為背面）

大鵬金翅鳥雄鳥聖跡緊臨江畔

天氣晴朗時的大鵬金翅鳥雌鳥

大鵬金翅鳥雌鳥聖跡和天然石鳥蛋

愛眾生也要愛螞蝗　　53

第二聖地是「八大黑嚕嘎」❷。小路穿過密林，一側出現淙淙流水聲，還以為走到雅魯藏布江邊了，結果不是，堪布介紹那是「仰桑曲」（藏語，仰桑指極密，曲指河流），這條河流是綠度母的一滴眼淚化現而成，非常清澈。

　　穿過密林，沿著山崖邊走，仰桑河就在下方，水清澈見底，下坡到河邊，走過巨石堆，前方就是仰桑河與雅魯藏布江的匯合口，非常明顯地，河水一清一濁，夏季的雅魯藏布江因為豪雨沖刷帶來大量泥沙，江水混濁，要到冬季才會清澈。

　　在江邊沙地坐下休息，堪布拿出幾條大黃瓜，切開分給大家，連皮一起吃，清甜極了。我們問起貝瑪貴生產的蔬菜水果，堪布說：

　　「這邊蔬菜種類很少，因為夏季常常下大雨，菜會爛，種不活。水果嘛，台灣有的這裡幾乎都有，只是吃起來都沒台灣的甜。」

　　我們心裡有數，台灣的水果改良再改良，甜度高，但其實反而吃不到水果原有的特殊風味。這裡的蔬菜水果完全沒用農藥，長得小小地，賣相不好，但吃進口中，都帶著一種天然芳香，讓人回味無窮。

　　休息後沿著溪畔的石頭堆上下攀爬前進，不久抵達「八大黑嚕嘎」聖地，堪布指著河中央被轟隆怒吼的江水包圍沖擊的岩石堆，說：

　　「那就是八大黑嚕嘎，現在大部分淹沒在水裡，冬季枯水期才會全部顯露，到時可以直接走過去，繞轉一圈朝聖。」

　　「這個八大黑嚕嘎聖跡，是形似還是顯相？」黃師兄問堪布。

　　堪布回答兩者都有。話題一開，大家一個接著一個提出問題。

　　「為什麼貝瑪貴有這麼多聖跡？是誰發現的？」

　　「貝瑪貴是蓮師授記、加持的聖地，所有聖跡都是天然形成，有些是伏藏師❸發現的，有些是瑜伽士❹發現的。」

　　「貝瑪貴範圍到底有多大？」

---

❷八大黑嚕嘎直譯是指修部八教或八大法行，以有相方式觀修，因所教示之法是八忿怒本尊相，故一般稱為八大黑嚕嘎。

❸伏藏師，或稱取藏師，往昔蓮師預見未來佛法變遷，會導致教法變質或遭破壞，因此把教法用特殊方式保存下來，再授記將來教法將於何時、何地由何人取出等。那些在因緣成熟條件下，取出蓮師所埋藏教法，使其流傳的人，便稱之。

❹指多年隱居閉關密修，做自我身心轉化修持的出家或在家修行者。

仰桑河流入雅魯藏布江的匯合口，明顯一清一濁。

「印度境內的貝瑪貴不到一半，其餘一半多一點都在西藏。」

「爲什麼貝瑪貴會被分屬兩個國家？何時分的？」

「敦珠法王曾請教一位修行很高的伏藏師，問他貝瑪貴未來的命運？伏藏師先是好像睡著一樣，陷入沉思，一會兒猛然醒來，雙手一拍：『哎呀，糟了，貝瑪貴一分爲二了！』後來眞的如他所預言，貝瑪貴被分成兩地。詳細分開的時間嘛，應該在中國進入西藏之前很早就分開了。不過兩地間最早還可以自由往來，直到1959年邊境封鎖，便不再相通。」

堪布這一番話，粉碎了我之前自作聰明以爲是中印兩國政府爲了政治利益互換邊境土地的推測，但進一步問堪布有關貝瑪貴被分割的詳細原因，堪布說那是在他出生以前很久的事，他也不清楚。堪布又說：

八大黑嚕嘎聖跡冬天全露，可以繞轉一圈，夏天則被轟隆怒吼的江水包圍。

八大黑嚕嘎緊臨仰桑河與雅魯藏布江匯合口

「整個貝瑪貴有如仰臥的金剛亥母❺身形，頂輪大樂輪、喉輪受用輪、心輪法輪、臍輪幻化輪、密輪護樂輪，五輪具足。臍輪以上屬於西藏地區；印度境內雖然僅有密輪部分，但最殊勝的聖跡都在這裡，從我們寺廟所在的土亭村往東，沿著仰桑河直到源頭4000多公尺的地區，有無數聖跡，所以稱作『仰桑貝瑪貴』，意思就是極密貝瑪貴。」

「印度境內的貝瑪貴有多少藏民？」

「全貝瑪貴連原住民在內應該有一萬多人，藏民大約三千多人。極密貝瑪貴範圍內就少多了，大概只有上千人。」

黃昏回到寺廟，脫下鞋襪，螞蝗（又稱水蛭）咬過的小傷口還在流血，幸好不見螞蝗。堪布僧袍一撩高，赫然腳上還有一隻正在吸血的螞蝗，大家手忙腳亂要找東西幫堪布撥掉，我以過去在台灣登中級山被螞蝗咬過無數次的經驗，不假思索地說：

「不能用力拉扯，那樣螞蝗的頭會留在皮肉裡。有沒有鹽巴或打火機？」

「不要不要，那樣牠會死掉吧。沒關係，就讓牠吸，等下吸飽牠就會走了。」堪布急忙阻止。

我頓時面紅耳赤，感到羞愧萬分，平日聽聞佛法，上師教導最重要的是要對一切有情眾生升起慈悲心，但剛剛那一瞬間，看到上師流血，我居然一心只想要了螞蝗的命，舊習氣真是可怕啊！

不一會兒，那隻考驗我慈悲心的螞蝗，果然在吸飽後，自己掉下來，扭擺著胖胖的小身軀走了。

敬愛的堪布，感謝您，您又教導了我珍貴的一課！

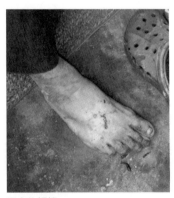

吸血的螞蝗

---

❺金剛亥母藏語為「多吉帕姆」，是有名的空行母女神，被譽為「諸佛之母」、「一切智慧之母」。

涕泗縱橫，進入蓮師聖境

蓮師十萬薈供大法會會場

所謂薈供，簡單說就是準備豐盛供品修法，供養傳承上師、佛法僧、本尊、護法；圓滿時，大家共同享用供品，猶如家族盛宴。這是一種殊勝的修行法，能迅速累積福德資糧。

最殊勝的薈供日是每月兩大吉祥日（藏曆初十及二十五日），由具成就的上師主法，帶領具足清淨戒律的僧眾舉行。藏曆初十是蓮師生日，蓮師弟子們會在這天舉行薈供以祈請蓮師加持，因為蓮師曾答應在這天回來探視弟子；藏曆二十五日則是空行節，是十方空行母女神環繞虛空加持眾生的日子。

今天是藏曆初十，由堪布主法，一連三天舉辦蓮師十萬薈供大法會，僧俗大眾將齊誦〈蓮師薈供文〉十萬遍，功德迴向眾生及寺廟興建。

參加的人除了寺廟數十位喇嘛外，其餘全是貝瑪貴地區的藏民，幾乎都穿著西藏傳統服裝，其中有一些身穿白衣袍、外搭藏紅色披肩的是在家修行的瑜伽士，他們是我努力的目標，希望將來自己也能經上師認可，成為一位瑜伽女。

法會開始，因為法本不夠，兩人合看一本。這兒的法本沒有中文，只有藏文和羅馬拼音，外加以英文解釋內容。當唱誦速度慢時，我的藏文拼音程度還來得及跟上大家，當唱誦速度一快，我就眼花撩亂來不及了。幸而速度快到我跟不上的只有快誦〈蓮師薈供文〉時，六個偈誦句，每句有九個字，由於三天內要誦滿十萬次，一遍又一遍反覆，由慢漸快，最後快到有如用滾的，舌頭都要打結了。

第一天，快速度時，每一句我只來得及唱頭和尾兩個字，中間都

西藏第一座寺廟「桑耶寺」所供奉的「如我一般」蓮師聖像

是隨著引罄聲含糊帶過，後來看到黃師兄寫成小抄，音譯成中文，看來中國人還是看中文最快，我也依樣畫葫蘆，並反覆背誦，當終於能跟得上全體最最快板的速度，一字不漏地唱誦時，感覺和大殿中每一個人的心識都結合了，一起臣服於蓮師尊前。

每天法會開始，緊接在〈聖八吉祥頌〉之後便是〈蓮師七句祈請文〉。寧瑪派無論哪一座修法、哪一種儀軌，幾乎都是以唸誦〈蓮師七句祈請文〉爲起始，這也是藏傳佛教世界最廣爲人知的祈願文。

這七句祈請文是金剛空行母迎請蓮花生大師薈供的詞句。歷史記載，曾經有五百位精通辯論的外道前往印度那爛陀寺，挑戰佛教班智達（大博士）們，班智達們一一落敗，夜裡大家都作了相同的夢，勝寂空行母在夢中對他們說：

「您們豈能駁倒外道？如果沒有迎請我的兄長——住在漆黑一片寒林中的蓮花生大師，佛教將遭到毀滅。」

「但是那裡難以行走，沒辦法前往迎請呀！」

空行母於是教班智達們唱誦七句祈請文，並指示：

「您們在經堂大殿陳設廣大供品，伴隨妙香、樂器，以最大的恭敬心一起唸誦七句祈請文，蓮師就會來到。」

全體班智達依言而行，刹那間，蓮師從空中降臨，通過教、理辯論，降服了五百名外道，使他們皈依佛教。從此，〈蓮師七句祈請文〉傳遍藏地，興盛無比。

接著，法本出現蓮師心咒「嗡啊吽，班雜咕嚕貝瑪悉地吽」。我一張口，習慣性地要唱誦在台灣早已唱得滾瓜爛熟的旋律，意外地，領誦

師帶的是另一種曲調，後來才知道這是貝瑪貴版的蓮師心咒，只流傳在貝瑪貴聖地。

雖然是沒唱過的新曲調，卻充滿不可思議的魔力，聽過一遍我立刻耳熟能詳，彷彿已唱過千百遍，揣測或許是在哪一世時曾經唱過吧，旋律存在於心識的最深處，此刻被喚醒了。

我閉上眼睛，雙手合十，隨著緩慢優美的旋律吟唱著，唱到入神，不知是因為大殿的氣氛莊嚴殊勝，還是蓮師加持聖地的慈悲力量，眼淚無聲無息的簌簌流下，心中明白這不是情緒上的悲傷或快樂，而是有一種帶著清明平和的張力，漲滿全身每一顆細胞，最後化成了淚水流出。

蓮師曾經承諾：「只要弟子用虔誠、渴望的旋律吟唱七句祈請文和心咒祈請我；用法器的敲擊聲熱烈地呼喚我，我將立刻從銅色吉祥山到來予以加持，像無法抗拒愛兒呼喚的母親，這是我的誓言。」

當下宛如蓮師就在身前慈愛地輕撫我的頭，瞬間感動得汗毛直豎，涕泗縱橫。

曾幫忙聽打堪布講經《功德雨寶藏》的口譯錄音稿，有一天聽打到「當心續對上師生起無比虔誠的信心時，會汗毛直豎，淚水直下」，當時想了半天，不太懂是什麼意思，沒想到，今日親自印證了。

在蓮師心咒如海浪般起伏迴盪的聲浪中，我張開眼睛望向端坐大殿正中高台上的蓮師塑像，雖是未完工的素樸粗糙外相，依然栩栩如生，它的神情仍是平和寂靜中帶著威嚴。

目光收回時，眼角餘光瞄到堪布介紹過的寺廟大護持者貝瑪蔣央正取下眼鏡在擦拭，我擦掉自己的鼻涕眼淚，定睛再看，沒錯，他也是滿臉涕泗縱橫。

拿起相機離座拍照，順便掃瞄大殿內其他人，每個人都唱得入神極了，有好幾個人也都眼泛淚光。

轉向大殿入口處，法會開始時有幾位藏族老婦人持續在禮拜，不久陸續停了，坐到一旁，只有一位到現在還繼續著，或許因為年紀大了，她不是作五體投地的大禮拜，僅作跪拜叩頭，她不疾不徐地，雙掌合十，從頭頂、喉前到胸前，然後緩緩蹲下，叩頭，起身重複再重複。從我的位置望過去，她一臉祥和，身後襯著寺廟大紅門及門外的光影，成為大殿中的另一道風景。

看來，大殿中的每一個人，都進入了自己所建構的神聖境界中。

見證幸福

早在法會開始的前兩天，就有藏民從各個村落向寺廟所在地土亭村集中。土亭村往北尚有數十公里土石車路，往東的仰桑貝瑪貴山區則只有小徑通達。

藏民抵達後，首先都是先來拜見堪布。我們住的寮房和堪布住處只隔著幾間，由於四周安靜，即使是各自在房中休息或修持，外面有任何聲響都聽得一清二楚，只要有一點動靜，就知道又有民眾來拜見堪布了。

他們一波接一波恭謹排隊，等候拜見堪布，扶老攜幼，嬰兒或揹或抱，每個人的手裡都捧著哈達，有的還會帶著野花或水果，輪流向前獻給堪布。通常堪布會將哈達回掛在民眾頸部，回贈五色金剛結、蓮師項鍊或甘露丸，有時單手置民眾頭頂、有時雙手扶住民眾頭兩側予以加持。

有些藏民同時會獻上供養金，堪布大多收下，但有幾次是先收下然後連著蓮師項鍊一起又還給對方。我們不解，事後問堪布，才明白原來那些人家境窮困，堪布先收下，是爲了成全他們護持寺廟的心意，圓滿播種福田的布施功德。

每天都有絡繹不絕的民眾拜見堪布

雙鹿法輪象徵佛陀說法，法輪常轉。

　　其中有位藏族老婦人，獻哈達給堪布後，說了一段話，眼裡蓄滿淚水。堪布為她加持許久，以溫和慈愛的語氣對她說了一些話，然後回頭告訴我們：

　　「她70多歲了，從她住的山村到這裡，一般人走一天，但她因為年紀大了，走了一天半多，終於走到了，她很高興。」

　　正在拍照的我，聽到這番話，觀景窗中頓時一片模糊。

　　走一天半的山路，只為了觀見上師、參加法會、聽聞佛法，這對生長在台灣交通便利的我們而言，是多麼地無法想像？我轉身悄悄拭去淚水，對老婦人送上尊敬、佩服及祝福的心意。

　　法會第三天，依循來到貝瑪貴後的習慣，四點多起床作早課，外面不遠處傳來隱約交談聲，天剛亮，這麼早民眾就來了嗎？對了，今天要安裝金頂，是貝瑪貴地區全體藏民期待已久的一刻。作完早課，循聲走到空地上，一群人忙著打酥油茶、做八寶飯、準備午齋……，大多是義務來幫忙的藏人，有幾個是原住民和印度人，看他們個個喜上眉梢，和樂融融，不禁驚歎信仰的力量。

　　五點半，堪布率同寺廟其他仁波切、阿闍黎等，先上二樓廟簷安裝「雙鹿法輪」。這標誌起源於佛陀悟道後，第一次在鹿野苑公開說法，

鹿野苑因豢養鹿群而得名，當佛陀說法時，連鹿兒都安靜地傾聽。法輪則是以圓形車輪象徵佛法旋轉不息，佛經中有「大法圓轉，萬世不息」的記載，因此，後世寺廟都以雙鹿加法輪的標誌象徵佛陀說法，法輪常轉。

接著重頭戲上場：安裝金頂。在鑼鼓法號齊鳴聲中，堪布一馬當先上了三樓屋頂，再從木製鷹架繼續往上爬，協助的喇嘛也紛紛跟上，負責攝影的貝瑪和我一路跟拍，看到鷹架上面是整個寺廟如金字塔般的最高點，貝瑪問我：

「我們女生可以上去嗎？」

我趕緊轉身找個喇嘛問，一聽我轉述可以，貝瑪立刻快手快腳往上爬。她身高比我高十公分，腿又長，很快上去了，可我人矮腿短，鷹架有好幾段，上下兩段木頭間距很寬，即使我手攀住上段木頭，卻無論腳怎麼抬，還是搆不著，想要沿著立柱的部分往上攀爬，卻直往下滑。頓時有點著急，擔心萬一上不去怎麼跟拍？趕緊一邊在心中祈請蓮師賜我一臂之力，一邊快速脫掉鞋子，打赤腳增加摩擦力，重新再試。這時身後忽然出現好幾隻手，撐住我的腳往上推，回頭一看是喇嘛們，我笑著大聲說「突皆切！」（謝謝）。

上到第一段後，繼續手腳並用，狗爬式加使出全身氣力，終於狼狽地爬上。這時堪布已經站在更高處，展開安放金頂儀式，完成的剎那，集聚在寺廟前方空地仰觀的群眾發出轟聲雷動的歡呼及鼓掌聲。

接著移師二樓迴廊左右護法殿中間空地修法，我趁著大家一個接一個下鷹架的空檔，三百六十度環視，恍然大悟貝瑪貴取名的緣由。藏語貝瑪貴的意思是「蓮花聚集叢生」，我現在站在相當於五、六層樓高的位置，居高臨下，可以看到四周被大大小小的山頭所包圍，層層疊疊往外迤邐，恰似花瓣開展，好比朵朵蓮花綻放，而寺廟和村子的位置就在花瓣中央。

前兩天下雨，今早雨停了，雲霧升騰，微風帶著薰香的味道，拂過四周山峰輕柔細語。空地上的藏族婦女已圍成圓圈唱起吉祥歌跳起吉祥舞，廟簷上方的銅鑄雙鹿法輪，即使沒陽光，也發出閃爍的光芒，輝映著藏民心中的歡喜。

這裡是由蓮花生大師授記的聖境，如蓮師所言：「在這個隱藏的土地，所有的山都像盛開的花朵；所有的流水都自發地背誦著咒語；流動

主修法的堪布及仁波切們

如花蜜；彩虹是拱形的樹木和灌木。……誰在這片土地上建設佛塔和寺廟，並執行其他美德，他就是我的使者。」

無疑地，堪布就是蓮師的使者，因此村民對他無比尊崇。

在二樓迴廊修法時，天空飄下小雨絲，圓滿後，我們四人和堪布共進早餐，雨越下越大，奇異的是，同時又出現陽光，雨絲變得閃亮亮的，堪布告訴我們：

「又下雨又出太陽，這是很吉祥的象徵，我們藏族稱爲『梅朵恰巴』。袞秋，知道『梅朵恰巴』是什麼意思吧！」

「知道，梅朵是花，恰巴是下雨。」

梅朵恰巴，花雨，好浪漫的名稱，有如諸佛菩薩從天際灑下花朵一般的雨，天人同歡！

餐後在花雨中繼續法會，第一座結束休息，雨早已停了，正在喝茶，堪布侍者達娃喇嘛跑來跟我興奮地說：

「袞秋拉嫫，天空有出現彩虹喔！」

「啊，現在嗎？」

「不是，是剛才你們在大殿裡時。」

「噢，那你有沒有拍照？」

負責吹奏法樂的是年紀較大的小喇嘛

「我沒有照相機啊！」

梅朵恰巴和彩虹，都是吉祥的象徵，任何修法，只要出現其中一項就很殊勝了，沒想到今日同時出現，真是不可思議，只可惜都沒人拍到彩虹。

下午有一場四臂觀音灌頂❶法會，四臂觀音是藏傳佛教大悲觀音的主尊，堪布為了民眾身體健康、減少病痛而特地傳此法，因為貝瑪貴只有一間設備簡單、缺乏藥品的衛生所，民眾看病必須到兩天車程外的城市 Dibrugarh。堪布灌頂傳法後，只要民眾持續修法觀想，可以得到具備大悲、大智、大力的四臂觀音之護佑，減少病痛違緣。

看到下午來參加灌頂法會的人潮，至少有上千人，我們大吃一驚。在交通不便的貝瑪貴地區，沒有電話，手機訊號時有時無（因屬邊境軍事重地，受到管制），任何活動都只能靠口耳相傳，我們沒想到竟然遠遠近近不同村落的民眾都得知消息，蜂擁而來，不少婦女抱著嬰兒、牽著小孩，老人則拄著拐杖或由家人攙扶而來，還有行動不便由家人揹著

❶上師透過灌頂儀式，把密法傳授給行者。如未經過傳承灌頂，不能擅自修法。由於上師本身證量具足，方能啟發我們的覺性，清淨我們的身心。

藏族婦女跳吉祥舞

來的呢！

　　法會結束之前，由達娃祖古女兒代表唱誦薈供文，她站在大殿正中央，四周是團團圍繞、擠得水洩不通的民眾，她一張口，悠遠嘹亮的聲音瞬間穿透屋頂直上雲霄，民眾全被震懾住了，傾耳聆聽，連那些本來吵鬧的小小孩也安靜下來。

　　黃昏時法會圓滿，群眾齊聚寺廟前方廣場，藏族村民盛裝歡唱吉祥歌、跳吉祥舞，我加入行列，左右手和兩側阿佳喇緊緊相握，隨著悠揚歌聲跳著，後仰身子，抬頭望向暮色漸濃中的四周山巒，品味著藏民單純而實在的快樂。

　　之前，堪布曾告訴我們，西藏人流傳著一種說法：「在一個村落中，若有一間佛、法、僧俱備的寺廟，和一位具德的上師，那就是全村人最大最大的幸福。」

　　今天，我見證了藏民的幸福，欣喜於自己也是這份幸福中的一份子。

太陽雨是非常吉祥的象徵

小喇嘛育幼院

法會圓滿時，每個參加的人都分到一袋「措」（法會供品），裡面有餅乾、糖果、飲料、水果、八寶飯等，因為與會者眾多，大家排隊領取。這時從外面跑進來許多沒參加法會的印度小孩和原住民小孩，混進人群中，維持秩序的喇嘛看到後，把他們拉出來，我以為是要趕他們走，沒想到是叫他們排到隊伍最後面，讓參加法會的人優先領取，最後，每個小孩都領到一份，有的小孩抱著或揹著更小的弟妹來，負責發放供品的喇嘛也慈悲地發給他們雙份。

看到所有民眾歡天喜地提著供品走出大殿，小孩子們個個手舞足蹈，想到法會的功德主包括堪布港、台弟子及貝瑪貴民眾，這應該就是「十方來，十方去，共成十方事；萬人施，萬人捨，共結萬人緣」的寫照吧。

人手一袋供品，只有小小喇嘛沒有，因為年紀太小看不懂法本沒進大殿參加法會，也就不能領供品。我們四人知道後，決定把分到的供品轉送給他們。

由我和貝瑪代表，提著四袋供品來到小喇嘛僧寮，幾天以來，天天打照面，雖然叫不出名字，但臉孔大都認得了。看到我和貝瑪提著供品來，有的大方打招呼，有的害羞跑開了。

我請一個年紀較大的小喇嘛幫忙把沒有分到供品的小喇嘛集合到一間寮房，話才說完，立刻聽到他大聲喊叫，瞬間，一個個小喇嘛從四處跑過來，到了寮房門口，拖鞋一踢，光著腳跑進去，很快在床沿坐定，房內三張床坐滿後，後到的人就席地而坐或站著，一陣紛亂中，我望著眼前這群一臉興奮、嘰哩呱啦壓低嗓門說話的小喇嘛，除了那身象徵僧人身分的紅衣及光頭外，他們其實和一般小孩沒兩樣，對平日難得吃到的零食充滿嚮往。

我和貝瑪開始平分四袋供品，他們伸出小手接，每個都很有禮貌地說「突皆切」或「Thank you」，發了一輪再發第二輪，小手接不了，他們乾脆攤開僧衣下襬，圈成一個兜，把供品往裡放，同時迫不及待地塞進嘴中，吃得眉開眼笑。

這些小喇嘛以藏族為主，少數幾個是珞巴族、門巴族和印度人，絕大多數係因父母親都是虔誠佛教徒，西藏傳統孩子出家是一種榮譽，少數則因家境貧窮，父母養不起，乾脆送來當小喇嘛，有些甚至是父母雙亡，或無父，或無母，寺廟成為他們的庇護所。按常理推想，其中一些

教導小喇嘛的主要老師次旺洛本（阿闍黎）

很有可能長大了就會還俗返家，但堪布從不拒絕，總是慈悲接納。我們笑稱好像寺廟開了育幼院似的。

小喇嘛在寺廟裡學習藏文、印度文、簡單英文、佛經、法會儀軌等，學習過程中，具弘法因緣與資質表現優異的，寺廟再協助他們轉往南印度貝諾法王開辦的佛學院就讀，接受九年制更完整、更嚴厲的僧伽養成教育。目前共有五十多人在南印度學習。

這幾年來，隨著寺廟的好口碑，越來越多小孩被父母送來當小喇嘛，此時在貝瑪貴的共有六十多人，最大的18歲，最小的只有4歲。無論我何時何地看到這些瘦弱的小喇嘛，都是一臉無憂無慮的天真笑容，全然不知世事煩惱，沒上課時整群追逐玩樂，只有在看到堪布走近時，才會一個個拘謹肅立，雙手合十，但等堪布一走遠，立刻又嬉鬧起來。

小小喇嘛或許不知道，大一點的喇嘛應該明白，這些年來，他們都是靠著堪布向十方募款生活，每天一張眼就是六十多張口嗷嗷待哺，再怎麼省吃簡用，開源節流，仍是沉重的負擔。堪布在他們眼裡，是傳法的上師，也像是育兒的父親，他們對堪布除了充滿虔誠敬畏心外，更充滿孺慕的親情。

小喇嘛上課的簡陋教室，分為兩班。

　　法會隔天，我和貝瑪找小喇嘛玩，順便拍照。逛到廚房，一位洛本（小喇嘛的老師）領著幾位年紀較大的小喇嘛正在準備午餐。他們吃的食物非常簡單，前幾天有天中午，我拿著相機到處獵影，走到他們用餐的木屋餐廳，看到他們有的已在用手抓飯吃，有的還在一個小窗口前排隊領餐。我好奇地走到小窗口，窗台上放著兩個超大鋁盆，一個裝米飯，一個裝黃色汁液，稀得很，我以為是湯，四下找尋菜在哪裡，沒找到，心中打了個問號，難不成這看起來像湯的東西是菜？

　　窗台裡側站著兩個年紀較大的小喇嘛負責分配飯菜，他們手裡各拿著一支勺，第一人先把一大勺米飯放到小喇嘛手持的鐵盤裡，第二人再舀一大勺汁淋上去，我注意到被攪動的汁狀物裡，有一些綠色菜葉，這在台灣人的飲食習慣裡只能稱為湯，在這裡卻是他們一餐裡唯一的一道菜。每個小喇嘛領到飯菜後，轉身走到放有一大罐辣椒醬的桌旁，自行用湯匙舀出一匙加上，端回位子，以右手拌一拌，便大口大口抓著塞進嘴裡。

　　台灣家庭的午、晚餐通常是四菜一湯，簡化點也是三菜一湯，而這些還在發育中的小孩，只吃白米飯淋上稀汁，外加一匙紅辣椒，餐餐如

村中小診所的彭措醫生與我們共進午餐

此，我不爭氣的眼眶又紅了……

之前我和貝瑪就很想融入小喇嘛和他們一起用餐，但堪布怕我們吃不慣他們的菜，都是由其侍者達娃喇嘛特地做菜給我們吃。因為再過一、兩天就要離開了，這個中午我和貝瑪堅決要和小喇嘛共進午餐，請達娃喇嘛不用準備我倆的份。

不一會兒，廚房做好午餐了，小喇嘛知道我倆要和他們共進午餐，早已幫我們擺好椅子，我和貝瑪拿著餐盤隨他們一起排隊，前後的小喇嘛有點害羞，和我們保持著一點距離，抿嘴偷笑。今天仍然是一飯一菜，那菜也仍然稀得像湯，不過裡面多了些切得小小的馬鈴薯。

就座正要用餐，村中小診所的彭措醫生來了，之前堪布幫大家介紹過，彼此認識，我們招呼他一起用餐，他看到貝瑪和我學小喇嘛用手抓著吃，覺得有趣，也端一盤加入，邊吃邊聊。貝瑪是醫院麻醉師，和他用英語聊起有關貝瑪貴醫療狀況，考慮下回來時或許可以多帶一些藥品。

「你們會再來？什麼時候？」彭措醫生很高興地問。

「貝瑪貴新年時。」貝瑪用英語回答。

「藏曆新年時。」我用藏語回答。

博記惹莎節湧

昨日是週三，等到中午還不見一週只有一班的直昇機飛來，確定由於下雨山區視野不良停飛，我們必須今天搭車離開。昨天下午的空檔，堪布帶我們去參觀敦珠法王當年來貝瑪貴進行為期十三天灌頂、口傳及教法弘化的小寺廟，還去拜訪了大功德主貝瑪蔣央一家人。

大清早，堪布住處前就聚集了一大群人，等著獻哈達送行，祝福我們一路平安。寺裡的仁波切、喇嘛、洛本都來了，小喇嘛們則站在遠遠的外圍，對著我們這邊張望。當車子緩緩開離寺廟，經過小喇嘛身旁時，他們紛紛揚起手向我們道再見，貝瑪和李師姐喃喃低語：「不行，不行看他們，我要哭了……」心頭一陣熱湧上來，我探出窗外，對著他們大喊：「博記惹莎節湧！」（藏曆年見！）

篤定的語氣，連我自己都有點吃驚。明年寺廟開光時間選在貝瑪貴新年，恰好和中國年只隔幾天，先生家族習慣過年時大團圓，身為長媳，我能順利取得一大家族人的諒解，跑來貝瑪貴參加寺廟開光及過藏曆年嗎？想到觀念傳統保守的婆婆，我一點把握也沒有，但看到那群天真可愛的小喇嘛，我還是按捺不住，喊出心裡最想對他們說的話。

隨著遠離寺廟與村落，車內低落的氣氛仍持續了好一會兒，貝瑪對堪布重複說她過年一定要再來，我雖然附議「我也要來」，但已少了剛才的那股勁，因為到時可能要革命一番才能成行。

循著來時路，雅魯藏布江變成在左側，窗外風景看過一回，這回再看，多了點熟悉感。黃師兄和寺廟喇嘛坐另一部吉普車，我們這部車後座只餘三人，比來時舒適多了。貝瑪戴著耳機聽MP3，李師姐秀出手機內一張張她與不同仁波切合拍的照片，告訴我他們都是證悟很高的知名上師，還有不丹國師等，我只能說我孤陋寡聞，沒一個認識，她不斷地說著她和各仁波切之間的因緣，一開始我有點羨慕，後來聽多了，明白各人因緣不同，習氣不同，只要隨喜她的福報就好了。

連日大雨，途中有兩處坍方，類似台灣山區的土石流。受阻於第一處坍方時，大家有點緊張，萬一修不好，就趕不上飛機了。堪布前去瞭解狀況，回來說：

「我們運氣很好，有大人要通過，他們馬上就會搶修好。」

「大人？」

「就是政府官員。幸好有大人，不然就算只是一個小小的坍方，也要等上好幾天才會動工修。」

通過兩處坵方後，一路順利。由於堪布要拜訪供應寺廟建材的印度商，半路轉接另一條路，傍晚抵達印度商經營的建材行，店老闆兄弟二人都是佛教徒，長期護持寺廟，不僅建材給了極優惠的價錢，每當寺廟一時付不出貨款時，也都無條件讓寺廟拖欠著。託堪布的福，我們受到熱情招待，吃了許多印度傳統點心，只是每一樣都甜得嚇人，吃一口就要猛喝水沖淡甜膩。

村中小寺廟之管理者札西

回到旅館，經常胃不舒服的貝瑪，老毛病又犯了，懂中醫的黃師兄幫她指壓，我邊看邊學，貝瑪疼痛緩解後，三人聊天，談起各自修行的經驗。我和貝瑪都算是佛門初級生，經驗有限，而黃師兄修習藏傳佛教已數十年，若從他中學開始親近漢傳佛教的時間算起，那就超過半世紀了，聽他談親身經歷的學佛經驗，豐富又幽默，我和貝瑪聽得稱羨不已。

聊到資質利、鈍根和學佛的關係，我說自己資質平庸，是笨鳥慢飛型，學佛時間又晚，年近五十才學佛，不知何時才能更上層樓？黃師兄聽了說：

「越笨越好！」

我以為他是開玩笑，側著頭看他，他看到我疑惑的神情，再次強調：

「真的，越笨越好！我看過台灣有太多自認聰明的學佛者，伶牙俐嘴，東鑽西想，聰明反被聰明誤，反不如愚笨的人，沒有花招，就是遵循上師引導，專心修行，一步一步深入。」

黃師兄的話讓我想到一位資深法友曾跟我說：

「密乘，很多人只看到它燦爛的外包裝，結果，不走大門，每天在窗子上爬進爬出的，就以為自己入了密乘在修行。要切忌『逛大街』啊！」

黃師兄還以親身經歷送我們一句話：「學佛，不要自己騙自己。」他說他認識一個每天再忙都作早晚課的人，數十年從沒間斷，但是一直

昔日敦珠法王進行十三天灌頂、口傳及教法弘化的村中小寺廟。

沒明顯進步，負面行為沒變好，煩惱也沒減少，為什麼？因為他只用「口」修行，不是用「心」修行。例如每天持咒一千遍，若不用心，光用嘴巴趴啦趴啦唸，很快唸滿一千遍，這樣有用嗎？或許可以累積一點點福報，但對修行修心絕對沒什麼作用。

互道晚安各自回房後，我反覆回想著黃師兄的話。

第二天早晨，和堪布一起用完飯店提供的早餐後，李師姐先回房，我和貝瑪、黃師兄陪著堪布，邊喝奶茶邊聊天，堪布忽然對貝瑪說：

「貝瑪，你很想你先生嗎？」

這個問題來得相當突然，經過這些天相處，我們都知道貝瑪的先生年初剛因癌症往生，剎那間空氣變得有點凝滯。貝瑪輕微怔了一下，然後點頭。

「當我們親密的家人離開了，我們一定會想他們，這是人之常情。但是我們學佛的人，必須要用方法來對應。當你開始想先生時，想一下下就好了，不要一直想一直想，因為你只要一直想一直想，就會想到以前和先生兩人一起過的那些美好的生活，想到你們剛認識時，想到你們結婚時，想到帶著孩子一家人快快樂樂去哪裡玩……，越想越多，也會越想越悲傷，這樣對往生者很不好，而且到最後，你的心也回不來

等著獻哈達送行的村民

了。」

　　我第一次聽到堪布用國語講了這麼長一段感性的話，雖然用的詞句都很簡單，但還是扣人心弦，不僅貝瑪早已抑制不住，輕聲啜泣，連我眼眶也紅了。

　　貝瑪哽咽著回答：「堪布，我知道，可是我還是會忍不住想他，不知道他現在怎麼樣了……」

　　「是啊，是啊，一定會想的，但是想一下下就好了。當你想先生時，要立刻告訴自己他現在已經到阿彌陀佛的極樂世界去了，他在那裡過得很好，他一定不要你傷心難過的，一定要你們母子三個好好過日子的。然後你持咒，看是要唸嗡瑪尼唄美吽，還是阿彌陀佛心咒，都可以，找一個平日你最相應的咒，一直唸一直唸，把心安住，最後，再把持咒的功德迴向給先生。」

　　貝瑪滿臉都是淚，點了點頭。看到他們對話告一段落，我問：

　　「堪布，您說的這個方法是不是也可以用在我們妄念很多時？或是有負面情緒生起時？」

　　「是啊，是啊，只要專心持咒，心不要跟著妄念和情緒走遠，把心安住在當下，妄念就會消失，不好的情緒也會不見。」

餐後，隨堪布前往附近一個有藏傳佛教徒的村莊關懷，步行走過一條小河時，有群印度小孩正在用漁網捕魚，路旁放了個水桶，堪布彎身一看，裡面有活魚、死魚，立即用印度話把小孩叫上岸，拿錢買下水桶的魚，為死魚誦咒超渡，為活魚祈福放生。然後，頂著大太陽站在路中央和小孩們講話，一些路過的印度人也好奇站住旁聽，人越聚越多，個個聽得津津有味，不時發出笑聲。

　　結束互道再見後，我們才知堪布是用故事對他們說要尊重每個生命，不要傷害活生生的生命，即使是一條小魚、甚至一隻小小的螞蟻。

　　回到阿薩姆邦Dibrugarh，堪布抽空帶我們到市場買吉祥果帶回台灣和其他師兄姐分享。說起吉祥果，本來是佛教徒耳熟能詳的八吉祥物之一，所謂的八吉祥物包含兩大類，一類是寶傘、金魚、寶瓶、蓮花、白海螺、吉祥結、勝利幢、法輪；一類是寶鏡、乳酪、吉祥草、木瓜、右旋白海螺、牛黃、黃丹（即朱砂）、白芥子，各代表不同的佛法意義、象徵及淵源。

　　其中木瓜指的就是吉祥果。吉祥果印度話叫Biwa，為什麼漢地譯師會將Biwa誤以為是木瓜？長期以來所有的漢傳佛教徒也都這麼相信。

　　堪布說，Biwa這種水果很稀有，只產在印度，漢藏兩地都沒有。我們推斷可能因為Biwa被形容是一種黃肉多子的樹果，因而漢譯師誤認為是木瓜。

吉祥果

　　Biwa產量不多，在市場逛了一大圈才買到，它的外殼相當堅硬，簡直像顆小鉛球。帶回旅館後費了好大勁才切開，果肉含有黏質，柔軟多子，吃起來微甜又帶一點苦，混雜著酪梨、榴槤、芒果還有其它說不出的味道，實在是不好吃，但據說只要看到它，就會帶來吉祥。

　　吉祥果啊吉祥果，願每個看到你的人都能吉祥如意，離苦得樂！

　　吉祥果啊吉祥果，你可要賜我吉祥，護佑我藏曆年時能順利再訪貝瑪貴呀！

世界最後的天堂祕境

口譯專家及藏文佛典教授張福成老師伉儷

在 Dibrugarh 和堪布分手，堪布要前往新德里拜訪幾個支持藏傳佛教的政府官員，為明年 2 月寺廟開光典禮時，港台弟子朝聖貝瑪貴之行先打通關。

回到台北繁華都會，一時不太能適應，整個人還在貝瑪貴的氛圍漩渦裡。我上網搜尋有關貝瑪貴的相關資料，無意中看到 2009 年出版的書《世界心精華寶》，作者貝瑪仁增仁波切就出生於貝瑪貴，我大為興奮，立即上網訂書。

全書分兩篇，上篇是自傳，下篇是佛法，附錄「貝瑪貴聖地之歷史沿革」正是我遍尋不到的資料，其中還附了一張仰桑貝瑪貴的 3D 立體圖，終於對仰桑貝瑪貴各聖跡的地理位置有了比較清楚的認識。

過不久某天，偶然和藏語口譯專家、也是我隨之學習藏文佛經的張福成老師，聊到貝瑪貴，我說貝瑪貴離邊界很近，越過邊界便是西藏的墨脫縣，那個地方我好久前就想去，博學多聞的張老師一聽馬上說：「墨脫？應該就是藏語『梅朵』的漢譯吧。貝瑪貴的貝瑪指蓮花，梅朵也是花，可能兩個地方有關係喔！」

對啊，我這個呆頭鵝，怎麼都沒想到墨脫就是西藏的貝瑪貴呢？

墨脫屬於滇藏公路南側，是中國唯一無法全年通公路的縣❶，徒步進入單趟需四至五天，由於受喜馬拉雅山脈阻隔，無論東入西出或西入東出，都需翻越海拔4000多公尺的多雄拉山和嘎隆拉山，而且每年只有6至10月份可以通行，其餘時間皆因大雪封山、雪崩頻繁無法進出。因此被大陸背包客稱爲「世界最後的天堂祕境」，是全大陸所有背包客最嚮往前往的地方。

被劃爲國家級自然保護區的墨脫，與西藏有著截然不同的風韻，茂密的森林是野生動物棲息、活動的好場所。全境沿著雅魯藏布江狹長分佈，就像鑲嵌在峽彎中的一塊綠色翡翠，平均海拔1200公尺，南來的濕潤氣流沿河谷進入，雨量充沛，四季如春，自然資源豐富，呈現稻、竹、芭蕉等亞熱帶風光。

吸引我的除了墨脫與世隔絕的豐富生態，還有一個原因是名聞遐邇的「雅魯藏布江大峽谷」（或稱雅魯藏布江大拐彎）。

1994年，中國科學家組成考察團，對雅魯藏布江大峽谷進

❶ 2010年12月15日，耗時兩年，全長3310公尺的墨脫公路嘎隆拉隧道順利貫通。隧道口海拔3750公尺，該公路被施工單位稱為墨脫公路的「控制性工程」，完成後，墨脫公路的完工指日可待。

從仰桑貝瑪貴3000多公尺高山北望,積雪山脈下方雲霧繚繞之處便是西藏境內的墨脫縣,
有「世界最後的天堂祕境」之稱。

印度貝瑪貴境內的雅魯藏布江

行科學考察，揭開雅魯藏布江大峽谷神祕面紗的一角。本來由西向東流的雅魯藏布江，流到墨脫縣境內，繞行南迦巴瓦峰山腳作了一個奇特的馬蹄形大拐彎，再向南奔瀉，往印度而去，最後由孟加拉出海。

我心生嚮往，打聽之後，才知墨脫尚未對台灣人開放。為什麼限制台灣人前往？我百思不解，旅行認識的中國朋友回答可能是因為靠近邊界，要防止有人偷渡到印度。我聽了暗笑：這一點兒也說不通，中國邊界應該是要防止中國籍的人偷渡，我拿台灣護照，幹嘛防我？

那時我還不知道墨脫是蓮花生大師著名的修行聖地，更連作夢都沒想到，我去不了西藏境內的墨脫，卻因緣際會先到了和墨脫只有一線之隔的印度貝瑪貴。因緣真是何等奇妙！

重新上網搜尋墨脫資料，終於看到一份資料，原來導致貝瑪貴一分為二，形成西藏貝瑪貴和印度貝瑪貴的主因來自一條「麥克馬洪線」。

十九世紀到二十世紀初，英國勢力不斷侵犯中國西南邊疆。1913年，由英國策劃，於印度西姆拉召開中、英、藏三方代表會議，英國印度殖民政府外務大臣亨利‧麥克馬洪，背著與會的中國政府代表，威脅利誘西藏噶廈政府代表，私自簽定了「印藏分界線」，即「麥克馬洪線」。

麥克馬洪線是由英國探險家為印度測量時劃出的一條英屬印度和西藏邊界，起自不丹和西藏交界處，往東大致沿分水嶺和山脊線至雲南獨龍江東南的伊索拉希山口。

此線一劃定，等於將屬於中國的九萬多平方公里（此為傳統說法，另有一說為 6.7 萬平方公里，將近台灣兩倍大）領土劃歸英屬印度。劃定後的英屬印度東北邊界，從喜馬拉雅山脈南麓山地平原交接處向北推進了一百多公里。這些領土包括西藏自治區東南部的錯那、隆子、墨脫、察隅四縣的大部分及朗縣、米林兩縣的少部分，地形複雜，海拔從5000 公尺往南降到 150 公尺。

印度於 1947 年獨立後，繼承了英國殖民佔據的中國領土，隔年，趁著中國內戰無暇顧及邊疆，派軍進入這些地區，並於 1954 年建立「東北邊境特區」，修改官方地圖，將「麥克馬洪線」由原來的「未經標定邊界」改為「已定界」。

1960 年 4 月，中共周恩來總理訪印，對印度尼赫魯總理表示，如果印度接受中國在西段的實際控制線，中國便準備接受麥克馬洪線，並特別申明：

「儘管麥克馬洪線是非法的，不公正的，但考慮到中印人民之間的友誼，中國政府仍然願意接受。」

但印度不接受此提議，於是在 1962 年爆發了中印邊境戰爭。中國軍隊獲勝，收復藏南大部分區域，進逼至傳統邊界線附近。印軍作戰失利後，不得已向美國求援，同年 11 月，美國決定介入戰局並支援印度軍隊，中國隨即宣佈停火，主動後撤至麥克馬洪線以北，並較之前還後退二十公里。

1964 年，印軍重新在麥克馬洪線附近與中國軍隊形成對峙。1972年，印度將該區由「東北邊境特區」改為「阿魯納恰爾中央直轄區」。

雅魯藏布江

Gelling
給林村

Kapu

Tuting 土亭村
Zido

Kuging

Nyereng

仰桑河

Image © 2012 GeoEye
US Dept of State Geographer
© 2012 Cnes/Spot Image
Image © 2012 TerraMetrics

紅色即麥克馬洪線，右側白色積雪區即孜大布日神山、達那果夏聖湖區。

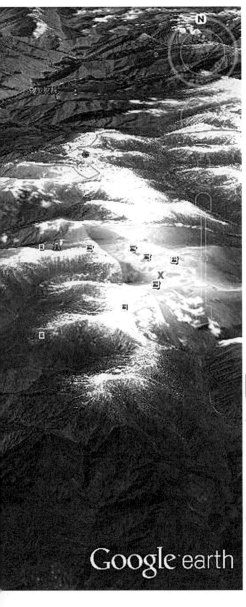

Google earth

1987年，印度議會通過，正式將麥克馬洪線以南中印爭議地區和印緬邊界一些地區合併建立「阿魯納恰爾邦」，同時開始大量移民。至今，已有三十多萬印度移民屯居。

　　阿魯納恰爾邦分為十三區，貝瑪貴屬於Upper Siang區，是最北邊、最靠近中印邊界的一區，越過邊界便是墨脫縣，也就是西藏貝瑪貴。

　　我突發奇想，台灣人從西藏去不了墨脫，那麼，有沒有可能從印度直接過去墨脫呢？

　　想想大概也不可能，到時我可能會被中印兩國的邊防軍當成雙面間諜吧！

珞巴族原住民老人仍保留穿著丁字褲的習俗

【第二篇】再入蓮花源

仰桑河極密聖境巡禮

四趟飛機輾轉路迢迢

2010年底，堪布為了寺廟最後工程及落成開光典禮，先回貝瑪貴，迎請了尊貴的揚唐仁波切親臨加持修法兩天；為了港台弟子及當地百姓很多人會來開光禮，又修了兩天普巴金剛的驅魔除障法，以去除障礙；最後修了嘎巴拉財神寶瓶上千個，要跟護持寺廟的功德主結緣。

堪布在貝瑪貴忙碌著，台灣中心也為了朝聖之行緊鑼密鼓。我原本擔心家人無法接受我不在台灣過年，出乎意料，順利取得家人諒解，尤其是先生的支持，令我滿懷感恩。

港台弟子朝聖團定於2011年1月31日出發，我們先發部隊六人由吉美堪布帶領，提早一週於24日早上六點在桃園機場集合，包括高雄中心兩位師姐貝瑪和吉美，台北中心我、負責錄影的鮑師姐及鮑師姐的朋友阿尼（藏傳佛教女出家人），另外，由於有功德主捐贈音響設備，特地派遣一位邱工程師隨同前往安裝。

全部音響設備重達一百多公斤，提早回貝瑪貴的兩位喇嘛無法一次帶走，中心資深師兄幾天前聯絡我，希望我協助將餘下的設備帶到貝瑪貴，好讓工程師先行安裝。我問有多少公斤？師兄說約5、60公斤。

我估算了一下，泰航規定每人行李20公斤，隨身行李7公斤，等於一人有27公斤免費，以七人算，每人需分擔寺廟公物約8公斤，我的行李只有十多公斤，沒問題；兩位出家人行李應該很簡單；工程師只待一週，又是男性，行李應該也不多；其餘三位師姐，女性有可能行李較多，但這次是去朝聖，不是旅遊觀光，行李應該也會簡化，就算大家沒法分擔那麼多公斤，至少可以分擔一點，其餘超重的部分算算應該不會太多，就由我來付超重費就解決了。於是承諾負責。

沒想到我這一大堆「應該」到頭來變成「自以為是」，機場集合時看到大家的行李，頓然傻眼，只有我是小登機箱加一隨身小背包，其他人都是超大皮箱，有的還大中小好幾箱，都說是幫堪布及喇嘛帶東西返鄉，每人行李重量都達臨界點，只有工程師能分擔一些。

過磅後，寺廟公物高達80公斤，我向櫃台人員說明這些都是寺廟的公物，拜託她們幫幫忙放行。櫃台人員表示無法全部免費，只能儘量給優惠。最後我刷卡付了50公斤超重費，每公斤453元，總共22650元，比一張機票還貴！

下午在曼谷等轉機，抵加爾各答已晚上九點多，拿到行李後，先發現有一箱公物的號碼鎖被破壞，接著發現我的行李箱鎖不見了，打開檢

徹令堪布傳承主寺白玉寺（屬今日四川甘孜藏族自治州）

查，裡面亂成一團，所有東西全搬了家，大小置物袋的拉鍊被拉開，裝
藏民相片的紙袋也被撕破，吉美堪布見狀叫大家趕緊檢查各自行李，幸
而都沒事。

我重新整理箱內物品時，看到已被剪斷的鎖塞在箱底，有點氣惱地
想把它給扔了，吉美堪布說：

「給我，我拿去出口處給工作人員看。」

堪布走往不遠處的出口，沒想到對方聽完後，毫無表情，連一聲道
歉也沒，只把頭一歪肩一聳說我們可以去跟辦公室的上級人員報告。

不過可能因為發生了這件事，當我們推著一大堆行李從出口處走出
時，那個剛剛面無表情的印度人，揮揮手讓我們直接通過，不像上回被
盤查折騰半天。

機場巧遇噶瑪古千法王，法王笑容可掬。

晚上住加爾各答市區，旅館隔音很差，整晚窗外車聲吵雜，乾脆早早起床作功課及打坐。十點半前往國內機場，排隊check-in，想起水壺有水，趕緊拿到洗手間倒掉，往回走時，遠遠看到群隊中多了一個人，穿著喇嘛紅僧服，一件暗紅色毛衣優閒地披在肩上，似曾相識，我邊走邊想，這人是誰？一時想不起來，走回群隊中還在想。吉美堪布大概是看我怎麼傻傻地沒反應，作勢要敲我的頭，在大家哄笑聲中，我同時也想到了，這不就是現任西康白玉寺第十二代傳承的噶瑪古千法王嗎？去年貝諾法王圓寂時，我在南印度第一次拜見過。

我趕緊彎腰趨前雙手合掌問候，法王微笑著摸了下我的頭。

噶瑪古千法王是貝諾法王三大法子之一，貝諾法王圓寂後，由他接棒的傳聞甚囂塵上。之前堪布提過將邀請噶瑪古千法王前來貝瑪貴主持寺廟開光，但因印度政府不允許持中國護照的人進入貝瑪貴，也擔心中共官方不放行，為了減少違緣，後來對法王是否前來的消息隱而未宣，所以大家都不確定法王的行程。

意外在機場遇見法王，每個人都興奮無比。法王不同於去年的嚴肅面貌，笑容開朗，親切和藹，言談斯文。在等check-in時，我們和法王聊天，他用國語說自己是輾轉從新加坡飛過來的，等進了貝瑪貴，對外

從直昇機下望可清楚看到傍著雅魯藏布江蜿蜒的山路

就說他來自南印度就好。

我說去年10月去了白玉，當時法王前往成都開會。法王笑著問：「你自己一個人去的嗎？還是和誰一起去的？」

去年10月，我和朋友從成都搭了三天兩夜客車抵達甘孜藏族自治州白玉縣，白玉寺依山坡而建，從溪谷對面的神山眺望寺廟全區，輝煌的大小殿堂及一間間獨立的僧房，櫛比鱗次，頗為壯觀。堪布十五年前曾在白玉佛學院任院長三年，我們由堪布的管家喇嘛陪同參觀，寺裡許多僧人都還念念不忘堪布。

行李還是超重，印度國內班機嚴格限制每人行李只有20公斤，連法王都被借來當人頭，還是超重一百多公斤，吉美堪布在櫃台邊，以印度話有說有笑地協商，最後以超重100公斤計算，每公斤需付100盧布（約合台幣75元）。

直昇機抵達土亭村，遠遠可見位在右側山坡上的寺廟金頂。

飛行一個多小時抵達阿薩姆邦Dibrugarh，寺廟派了三部車來接機。隔天中午將近十二點順利搭上一週只有一班的直昇機，大約二十人座。起飛後，往下鳥瞰，雅魯藏布江面滿佈大大小小的沙洲，在阿薩姆省平原上構成特有的辮狀水系，不一會兒往北飛入阿魯納恰省，進入山區，江河變窄，像一條銀色緞帶鋪展在雲霧飄渺的群山腳下，將綠色山脈的下襬鑲嵌住。

本來期待可以看到全幅寬螢幕的壯闊山景，結果因直昇機飛得不高，視野窄小，不過進貝瑪貴的小山路看得一清二楚，還真是迂迴曲折呢。約一小時後，寺廟金頂遠遠躍入眼簾，土亭村到了，天空飄著小雨，小跑道兩旁站滿等候迎接法王的僧俗大眾，沒人撐傘，不知等多久了，人人手捧要獻給法王的白色哈達，雖然看不清他們臉上的表情，但我知道肯定個個都是歡欣雀躍。

一個有福報的傻蛋

迎接法王的車子走在最前面，其他人和眾多行李分乘幾部車隨後。這座小機場屬於印度軍方，平日門禁森嚴。

分列馬路兩旁等著迎接法王的民眾，沿著寺廟聯外道路延伸近一公里，人人手持白色哈達，有的還持香，空氣中縈迴著藏香特有的香味。

新建的僧寮大致已完工，我們有了嶄新的住處。放下行李，用過餐，我迫不及待地前往大殿，殿內壁畫已完成了，只剩下大門外兩側壁面還一片空白。

明天有灑淨法會，一群喇嘛正忙著準備，我想幫忙，他們卻回答：「不用，不用，你們剛到，很辛苦，你去休息吧！」

我笑笑，若是搭兩天車進貝瑪貴還算得上辛苦，搭飛機哪會辛苦？

看了看四周，好像都幫不上忙……嗯，有了，一旁有兩個小喇嘛正在釘供桌四邊的五彩皺摺裝飾，這我應該會做，於是靠近和他們打招呼，其中之一我認得，叫徹令汪秋，另一個叫徹令敦珠。

負責供桌壇城佈置小組的是從台北返鄉的扎西喇嘛，看到我和小喇嘛說話，走過來指著徹令汪秋用國語對我說：「這個很會做事！」我仔細觀看了一會兒，果然，皮膚黝黑、有著黑白分明大眼睛的徹令汪秋，手持鐵鎚，慢條斯理，全神貫注於每一道皺摺的摺、壓平、釘、再壓平等一連串動作，徹令敦珠則在一旁幫忙遞圖釘及拉平長幅布。我蹲下來，幫忙摺布摺，好讓徹令汪秋直接釘，加快進度。

不小心釘歪圖釘時，徹令汪秋會「噗嗤」一聲笑出來，然後很不好意思的拔掉重來。後來換我試釘，才發現原來是圖釘品質太差，有一半以上一釘就歪，換回他釘，狀況重演。每回看到圖釘歪成不同角度，三人忍不住笑出來，但又怕吵到其他趕工中的喇嘛，趕緊憋住笑。

堪布走進大殿關懷大家時，我們三人正好又笑成一團，我一抬頭看到堪布，趕緊起身向堪布合十問訊，堪布看到我有點意外地說：「啊，袞秋，你在這裡啊！」

堪布離開後，三人繼續慢工出細活，扎西喇嘛大概看我們邊做邊笑，進度太慢，走過來拿起鐵錘，二話不說，咚咚哐哐釘起來。

接近五點，暮色漸濃，掃完地我又沒事做了，在大殿角落坐下來，望著忙碌中的喇嘛們，昏暗中，只有如如不動的三尊佛像底部投射燈及喇嘛手中的手電筒閃著光亮。

環視四周壁畫，琳琅滿目的諸佛菩薩及寧瑪派歷代傳承聖僧大德法

喇嘛們忙著繪製法會用的供品

負責釘供桌四邊五彩皺摺裝飾的徹令汪秋

像。當初剛接觸藏傳佛教時，不太明白為什麼各種佛像特別多，寂靜像、忿怒像、本尊、護法等，後來讀到達賴喇嘛一篇文章才明白：

「惡業是我們受苦的原因，而惡業來自愚癡，愚癡則來自我們難以調伏的心。因此，必須從事於鍛鍊調伏自心的練習，以截斷邪念妄想之流。……，一個減少妄念的方法就是專注於某一個外境，不過這需要很強的觀想力，由於佛菩薩像被視為最適合當作觀想的對象，所以密乘盛行各種佛菩薩像。」

三尊大佛之一的蓮花生大師，是創立寧瑪派的根本上師，寧瑪派是西藏四大教派中最古老的一派，藏語寧瑪的意思便是「舊的」、「古老的」，特別注重實修。想起自己這些年來與蓮師的因緣、與寧瑪派的因緣，過往點滴從心頭流過。

好友A常說我是傻人有傻福，走了許多人一輩子可能只去一、兩個的聖地，而且我走的幾乎都是蓮師一千多年前授記的伏藏❶大聖地。

A是資深藏傳佛教徒，2005年比我早兩個月前往西藏朝聖。原本我倆不認識，經由共同的朋友居中介紹，互相交換西藏自助行資料，她主

---

❶以寧瑪派為主要出處，往昔蓮師預見未來佛法變遷，會導致教法變質或遭破壞，因此把教法用特殊方式保存下來，稱為「伏藏」。不一定藏在深山，有些是以一種無形的方式藏在水裡或空中，最主要埋藏之處，則是蓮師授記之人的心續。

堪布為大型曼達一層一層裝飾珠玉寶石

要目的是宗教信仰朝聖，而我，當時還在藏傳佛教大門外觀望，去西藏只能說是心靈之旅。

返台後，A說自己因為心臟不好，在西藏差點掛掉，她遺憾地說：
「以後不可能再去西藏，可惜收集了許多西藏朝聖的英文資料……」
我一聽，豪氣承諾：
「把資料給我，我只要有機會就去，拍一堆照片回來讓你臥遊。」
不久我遊學西藏一年，之後年年入藏一至兩回，我倆成為最佳拍檔，她陸續提供資料由我去參訪，我因此走了許多聖地。

即使人在台灣，我和A也不常見面，往來都靠email及線上對話，我因為才剛接觸藏傳佛教，什麼都不懂，什麼都好奇，經常問東問西，有時問得很蠢，她儘管會開玩笑說我是個傻蛋，但也都知無不言、言無不盡地為我解答。

有一回我人在西藏，剛完成一趟聖地行，和她在 skype 聊天。

A：你這超有福報的傻蛋，你知道嗎？你去的都是特大號的修
　　行地耶。
　　…………
A：密乘入門，就兩個重點，積福和淨障。敦珠法王孫子宗
　　薩欽哲仁波切舉例，所謂的福報呢，比如你在等一通電
　　話，那通電話會告訴你一個你等了十年的人的電話號碼，
　　然後你就一直等一直等，有一天電話終於來了，可是在那
　　個時候，如果你欠缺福報，你就可能身上沒半支筆，問題
　　是那電話號碼非常長，長到你怎麼也記不住。That's it！
　　That's MERIT。我的福報就是，你終去了藏地，每一次
　　都幫我帶回照片。下一次，你去找伊喜措嘉❷的聖地。以
　　我的身體，那裡都去不了。所以呢～～～我的福報在你身
　　上，你幫我長了翅膀。
我：我是你的分身啦！
A：嗯，你也可以這麼想，我們有宿世因緣，跟這些聖地呢，
　　也有殊勝的好緣。感恩呀～

　　我們就這樣經常在網路上對話，有時互相鼓勵，有時互開玩笑，瘋
言瘋語，但在我心目中，她就是我學佛路上的「大善知識」。
　　和蓮師的無數因緣除了源於 A，我自己在與西藏接觸的過程中，也
意外地不斷與蓮師結緣，早在 2005 年獨自旅行藏區兩個月時，一些令
我特別有感覺的寺廟都是寧瑪派；而第一個熟稔的大師西夏堪布，當時
是西藏敏珠林寺佛學院校長，之前是四川佐欽寺佛學院校長，兩個寺廟
均屬於寧瑪派六大傳承之一。
　　遊學西藏時，跟著西藏大學藏學系一位教授學習藏文佛經，教授準
備的藏文教材中，第一篇便是〈蓮師七句祈請文〉，他解釋因為佛法由
蓮花生大師正式帶入雪域高原，蓮師在西藏人心目中有著崇高地位，想

---

❷伊喜措嘉是藏傳佛教史上第一位得證菩提的女性修行者，她的出世是為了協助蓮師在雪
　域弘揚金剛乘。

學藏文佛經就應該先讀這篇。

後來讀到蓮師一千多年前的預言：「當鐵鳥飛翔、馬用輪子奔馳的時候，藏人會散佈到全世界，佛法會傳到紅皮膚人的土地上。」對他的未卜先知無比佩服。

或許，冥冥之中就注定我會走寧瑪派的修行法門吧！

如今我已成為寧瑪派白玉傳承的一分子，就像幼年在原生家庭耳濡目染學習，我也一點一滴從這個大家族學到珍貴無價的佛法教誨。

突然，昏暗的大殿內亮起幾盞日光燈，喚回我的思路，原來是堪布要來為超大型曼達❸一層一層裝飾各種珠玉寶石，並進行麥克風測試。

晚上量溫度，室內只有12度，室外想必更低，寺方幫每人準備了厚棉被及毛毯，蓋在身上充滿厚重的溫暖感。這回預定在貝瑪貴住上四星期，臨睡前，對未來的每一天充滿希望。

大型曼達與三尊佛像相輝映

---

❸藏密供器之一，曼達為梵文發音，意為壇城，即以世間一切珍寶結成壇城，供養諸佛、菩薩、護法、本尊等。

獨生獨死，獨去獨來

法王主持連續三天的洒淨法會，行經八大舍利塔。

在時而下雨，時而雨歇，雲霧虛無飄渺中，由噶瑪古千法王主持，展開連續三天的灑淨法會。第三天終於放晴，陽光現身，一大早就有許多村民來轉寺廟，趕緊拿出上回來貝瑪貴時幫村民拍的照片，從人群中找尋相片中的人物，把相片分送出去。拿到的人都喜出望外，連聲感謝，轉經的人全圍過來看，笑呵呵分享快樂。對他們而言，一張相片彌足珍貴，因為他們幾乎都沒照相機，我的舉手之勞，化成他們永恆的回憶。

　　上回來也拍了台北中心嘎瑪喇嘛的家人，他說妹妹就在寺廟後面空地幫忙做卡賽（藏式點心），要帶我去找她。嘎瑪喇嘛邊走邊翻看照片，指著照片中站在他們全家人旁邊的一個女孩說：

「你知道她已經走了嗎？」

「走了？去哪裡？去城市工作了嗎？」

嘎瑪喇嘛微微提高聲調：

「不是，是死掉了。」

「啊？死掉了？發生了什麼事？」我大感意外，吃驚的問。

　　女孩是嘎瑪喇嘛舅舅的女兒，住在山裡，突然不舒服，被家人揹下

山，在土亭等直昇機送往大城市的醫院，但直昇機還沒到，就斷氣了。

　　心情一陣低落，唉，這麼年輕的生命就這樣走了，真是世事無常！

　　晚上夜深人靜時又想起這件事，也想起幾個月前往生的欽列喇嘛。個子不高的不丹籍欽列喇嘛去年7月陪我們走訪聖地，雖然語言不太能溝通，但他爽朗的笑聲及從容不迫的自在神韻，令人留下深刻印像。知道他擅長卜卦後，貝瑪特地請他卜卦，解了心中一大疑惑。離開貝瑪貴前，我和貝瑪藏語英語齊出籠，歡迎他到台灣，他還裂嘴大笑點頭。

　　9月時輾轉得知他往生了，月底我到中心拿堪布要我帶到西康白玉寺的物品，抓住機會問了堪布這件事，堪布以平常語調回答：

　　「是啊，是啊，他往生了。」

　　「怎麼會這麼突然？他年紀也不大，7月見到他時身體很健康啊，我和貝瑪還說歡迎他到台灣來呢，沒想到他就……」

　　說著說著，悲從中來，聲調哽咽。堪布拍拍我的肩膀，笑著說：

　　「欽列喇嘛是修行人，走時出現很多瑞相，這是很好的，不要難過。這總比生病走的、戰爭走的、車禍走的，好很多啊！」

　　堪布的豁達給了我很大震撼，在他眼中，看待死亡就像是吃飯、穿衣一樣自然，不像我們凡人總會深陷「愛別離苦」❶之中。

　　理論上雖然知道生命有生必有死，人生就是一段由生到死的旅程，自出生開始便在一日日走向死亡，但總以為死亡離年輕生命還有遙遠的一段距離。這兩個人在我見到他們的一刻，明明還充滿活力，當我跟他們分手說「藏曆新年再見」時，我是真心相信和他們一定會再相見的，時隔不過半年，死亡就捷足先登。

　　佛經裡有個吉祥草的故事，佛陀住世時代，有個婦人的獨生愛子染上瘟疫死了，她悲慟不已，向佛請求讓小孩起死回生，佛陀答應說：

　　「只要你能找到吉祥草，把它覆蓋在孩子身上，我就能讓他復活。」

　　「這草長在哪裡？我要去哪裡找呢？」婦人燃起希望，高興的問。

　　「這草長在從沒有親人死亡的人家裡。」

　　婦人走遍全城，挨家挨戶詢問：

---

❶愛別離苦是佛所說的八苦之一，八苦包括生苦、老苦、病苦、死苦、愛別離苦、怨憎會苦、求不得苦、五蘊熾盛苦。

嘎瑪喇嘛家人，最右側為舅舅的女兒。

「請問您家曾經有人死亡嗎？」

結果，沒有一戶人家不曾死過親人。

婦人沮喪地回到佛陀跟前，向佛報告結果，佛陀開示她：

「你明白任何人家沒有不曾死過親人的道理了嗎？世間沒有不死的生命，只要有生，必定有死。萬法也是有生必有滅，諸行無常的生滅現象是自然的法則，任何有情眾生必定要經過死亡的過程，你兒子的死亡也是一種必然。」

無常如影隨形，就算你不理它或是裝作不知道它的存在，它也一定會出現，而且很可能在毫無預警之下就悄悄來到身邊，所以西藏諺語如此形容：「一旦上床，不知是明日的太陽先來到？還是死亡先來到？」

法會中專注的欽列喇嘛（未戴眼鏡者）

　　兩年前，一位小我三歲的的好友，個性活潑開朗，打電話告訴我，她再過半年就要退休，做自己想做的事，她那充滿歡欣的笑聲猶在耳邊響著，沒幾天卻傳來消息——她出差南投主持研討會時，突然昏倒，送進加護病房，再也沒醒轉。

　　當我趕往加護病房看到靠著呼吸器維生、全身上下插滿管子的她，無法置信前幾天還活蹦亂跳的一個人，怎麼突然就走了？再看到與她恩愛如膠似漆的先生那無以復加、難以承載的悲傷，我更不知所措，不知如何說話，只覺心中百感交集，感慨生命的脆弱，感慨亡者的孤單，感慨生者的寂寥。

　　後來偶然讀到《無量壽經》：

　　「人在愛欲之中，獨生獨死，獨去獨來，苦樂自當，無有代者，善

六道輪迴圖，提醒人們死亡無法自主，只能隨業力流轉。

已圓滿三年三個月閉關的不丹籍欽列喇嘛

隨時笑呵呵的不丹籍丹曾喇嘛，每看到他就讓我想起欽列喇嘛。

惡變化，追逐所生，道路不同，會見無期。」

描繪的正是如此這般，每個人都是一個人來、一個人走，死亡時沒辦法帶著誰走，再親密的家人也終究要隨著業因果報，各自分道揚鑣。

想到自己今年已經56歲，不知何時會死亡？一個念頭閃過：「若是我也突然死了，所有的修行全都來不及完成了；而生命一旦結束，就隨個人所造的善惡業流轉六道輪迴……」全身起了個顫慄。生命無常，唯一只有當下，輪迴過患，觀空超脫生死，還是精進修持最實在！❷

❷ 堪布曾開示：「進入佛法實修後，即使此生沒有成就佛果，但至少在死亡時沒有後悔，也不會害怕，這是最重要的。我的期望就是弟子在死亡時能夠安住在實修裡，不過這部分不是我個人期望就能達成，大家自己也要精進努力，而且經常要有堅定的信心。」

鏡花水月

繼前三天的灑淨法會後，今日有普巴金剛除障法會，分別設了四個場地，東西南北四個方位同時進行。我們在大殿，法會進行中陸續有駐紮在附近的印度軍人進殿參觀，幾乎都會脫帽禮佛，有些還會獻上供養金。當他們走過鈴杵鑼鼓法器喧鬧、誦經聲高昂的廟堂中央通道，一身迷彩軍服和四周藏紅僧服形成強烈對比，畫面呈現一種宗教平和與槍戰暴力取得平衡的融洽氣氛。

潛移默化的影響力足以期待，寺廟建設完成，對駐紮在邊界的眾多軍人，應該或多或少可以令其耳濡目染佛教平和寧謐的力量，引導多一份心安。

中間休息回寮房上洗手間，洗手槽上方昨日才由工人裝好鏡子，可能是考量未來進住的小喇嘛身高，鏡子裝的位置有點低。前幾天我們剛到時，寮房內沒有鏡子，我也沒帶，許多天沒照鏡子，早已習慣了。

今天開始有鏡子照，一早刷牙對著鏡子裡顯現出的容顏，有點不適應。現在也一樣，彷彿有一個和我長得很像的人，正躲在鏡子裡模仿著我的動作。

明知人照鏡子，鏡子裡的人並不是真正存在，只是反射而已。但那影像如此真實，令人忍不住伸手去一探究竟，卻只觸摸到冰涼、平滑的鏡面。

這鏡裡的影像真的是我嗎？沒照鏡子時我總感覺自己還年輕，走起路來，體態輕盈，三步可以併作兩步；照了鏡子看到皺紋及白髮，才知自己其實有點老了，人生已走過五十多個年頭。

離開職場後，不再需要特別裝扮，也不再需要隨身帶鏡子補妝用，家中鏡子的功用逐漸減少，因此來到貝瑪貴沒鏡子的這幾天，適應得很，沒什麼不方便。

鏡子實在是個奇妙的玩意兒，也許從童話故事創造出白雪公主後母那面魔鏡開始，女性就不自覺都有一種「魔鏡情結」，每次照鏡子就會隱隱期待，期待鏡中能出現我們想要的青春、美麗和健康。

但是鏡子本身只有反射功能，只是真實的反射出站在它面前的東西，所以無論美醜，鏡中影像如實呈現。無論鏡中影像看起來是美是醜，也只是反射出照鏡的人，和鏡子本身質地的好壞、乾淨或骯髒無關。

當我們照鏡子時，臉在鏡中顯現，若看到臉上有個髒點，拿起手帕或毛巾想擦乾淨，會擦哪裡？雖然髒點由鏡中顯現，但我們不會去擦鏡

親切的法王

每座法會開始前，虔誠等候在外的民眾。

子，而是擦自己的臉。臉擦乾淨了，鏡中的影像也乾淨了。

藏傳佛教上師常把念頭視為雨後空中的彩虹，水裡的月亮，鏡中的影像，意思便是這些看似具體，但仔細檢視，並非確實存在。

也常聽到一句話，「我們創造自己的實相」，意指任何的遭遇都是自己創造出來的。我們就像一部投影機，螢幕上顯現的影像，看似是外在的人事物，但其實是由自己這部投影機所投射出來。要改變螢幕上的東西，不是換螢幕，而是要從源頭自己這部投影機改變起。

換句話說，別人不過是我們的鏡子，若是自己心胸寬廣，便可以通過跟別人的互動看清自己，改變自己，也就改變了對外在世界的觀感，從而有新的體會。

佛法也常以能照見一切、但其實是空無一物的鏡子，來比喻實中有虛、有中有無、色中有空的概念。《維摩詰經》：「諸法皆妄見，如夢如焰，如水中月，如鏡中像，以妄想生。」強調宇宙萬物是空幻的假象世界，萬法剎那生滅，亦空亦假，非空非假。

學佛以來，常覺得佛就像一面鏡子，讓我照見自己的無明與煩惱。

昨日鏡子裝好後，看到鏡面被工人的手摸得模糊不明，我拿著抹布慢慢擦拭。佛法中也常以「拭鏡」比喻除去妄念污垢，恢復本性的光明。

禪宗五祖弘忍的徒弟神秀主張「身是菩提樹，心如明鏡台；時時勤

巧遇前來參加法會的大功德主貝瑪蔣央一家人

拂拭，勿使惹塵埃」，指出學佛修習的日常功夫就是「拂塵埃」、「拭明鏡」。另一弟子慧能主張「菩提本無樹，明鏡亦非台；本來無一物，何處惹塵埃」，這「本來無一物」也就是「空相」。

慧能的「頓悟」雖然看起來比神秀的「漸悟」高出一籌，但像慧能那般有慧根的人畢竟是少數，如我凡夫，還是老老實實走「拂塵埃」、「拭明鏡」的功夫，比較實際些。

不過即使是老實穩健的「拂塵埃、拭明鏡」，也必須以智慧爲基礎，否則徒費功夫。禪宗有個著名故事，馬祖道一於唐朝開元年間到了南嶽般若寺，不讀經書，也不學佛法，整日坐禪，有一天，懷讓禪師便問他：

「大德坐禪是爲了什麼？」

「爲了開悟成佛。」

懷讓禪師一言不發，取來一塊磚在庵前一塊石頭上磨，道一覺得很奇怪：

「禪師您磨磚頭作什麼？」

「磨作鏡。」

「磨磚哪可能成鏡呢？」

懷讓禪師等的就是這句話，於是乘機開示：

「磨磚既然不能成鏡，那坐禪難道就可以成佛嗎？」

十一面千手千眼觀世音菩薩

港台朝聖團員抵達後，由古千法王灌頂授戒，舉行二天二夜大乘八關齋戒，藏語稱「紐涅」，「紐」是禁食齋戒，「涅」是安住於此境，紐涅是清淨罪業最快速的法門之一，以菩提心攝受，發願為了使一切眾生得利益、解脫、無疾病、無饑饉、圓滿三十七道品、證得無上正等菩提，而清淨持守大乘律儀，經由持戒體會眾生飢渴之苦，生起大慈悲心，調伏惡念，令心安住在覺明體性之中。

這次進行的方式是依照貝瑪貴傳統，也就是達娃祖古在世時傳授的方式：日中一食，全程禁語禁水。只有午齋時解禁，用完午齋後以寶瓶水淨口，恢復禁語禁水。

在台灣中心每個月的例行閉關，也都由堪布授大乘八關齋戒，依循方式是漢地的過午不食和禁語。堪布多次強調：

「佛陀曾開示，未來聖教衰損時，如果在家居士守護八關齋戒一個白天一個晚上，跟聖教發揚時一輩子守護八關齋戒的功德利益是相同的。」

守護的戒律包括不殺生、不偷盜、不淫、不妄語、不飲酒、不坐臥高廣床、不非時食、以及不妝飾不歌舞。至於功德利益，許多佛經均有記載，如脫離病苦、免除橫禍、消滅罪障、遠離輪迴惡道、福報優厚、成就迅速等。

守護八種戒律令身心清淨，可以說是在家人趨向出家的一種嘗試與薰陶。一般受持齋戒期間，誦經、禮佛、打坐、唸佛都可以，此回我們以唱誦《聖者大悲千手千眼斷食儀軌》法本為主。

藏傳佛教的觀世音菩薩外相是十一面千手千眼，佛經記載觀世音菩薩修行之初，有感於芸芸眾生飽受無明之苦，在佛前發誓：

「盡我形壽，我要讓眾生都能解脫生死輪迴，只要有一人未解脫，我就誓不成佛。如果我於眾生未盡度之前違背此誓言，我的頭顱將碎裂成千片。」

之後經過無量劫，度脫無數眾生後，他環視世間眾生仍無數無量，愚癡墮落，無明造惡，依然在六道中輪迴流轉，他心生氣餒，覺得眾生之苦乃與生俱來，苦苦循環不斷，世間既然存在，痛苦怎可能終結？眾生哪可能度盡？自己當年的誓言無疑是自找苦吃，以己之力永遠也無法度盡一切眾生，何必繼續堅持？他在心中興起一絲退轉的想法，當下立刻誓言應驗，頭顱碎裂成千片。

千手千眼觀世音菩薩法照

這時，阿彌陀佛現身對他說：

「千萬不可氣餒放棄誓言，只要繼續教化眾生，十方三世諸佛菩薩都會幫你成就，將來必定能完成你的心願。」

於是，阿彌陀佛將觀世音菩薩碎裂千片的頭顱重整變成十一面（頂端即阿彌陀佛），並生出千隻手，每隻手上有一佛眼，代表賢劫千佛，又傳授六字真言「嗡瑪尼唄美吽」，觀世音菩薩聽到後，立即生出大智慧大慈悲，堅定信心，再也不退轉。因此，六字真言也稱為觀音心咒短咒。

由於只有寺院僧人、阿尼及港台弟子參加，為了避免期間遇到認識的村民，無法開口打招呼引起誤會，我先以藏、英文寫了紙條「禁語」，遇到有人要跟我講話，就拿出紙條，每個人看後都會心一笑，讚賞有加。

清晨五點上座，在濃密夜色中，拿著手電筒從寮房穿過空曠的廣場走向大殿，氣溫很低，呼出的氣泛著白霧，另一手抱著法本，肩上披著藏紅色的披肩，心神格外寧謐，彷彿自己即僧即尼。

紐涅開始的第一晚，我做了一夢，困在某種情境中無法脫身，最後我告訴自己：「我在作夢。」清明的醒轉過來。哎，若是在現實人生也有這種功夫就好了，遇到任何困惑，只要告訴自己是在作夢，就能解套。

兩天期間，最大特色就是作很多大禮拜，因為大殿裡的地板粗糙不平，即使戴了布手套仍會刺手，因此拜得很慢，反而拜出一種慢的韻味來。我明白，拜佛的真正意義不是求保佑求名利，而是在至誠頂禮的當

下，憶念佛的慈悲與智慧，學習佛的慈悲與智慧，發願利益眾生，共成佛果。

期間並反覆唱誦觀世音菩薩的長咒〈大悲咒〉及短咒「嗡瑪尼唄美吽」，望著觀世音菩薩法照，誦著誦著，觀想自己就是觀世音菩薩，以千手千眼幫助眾生，心中生起無限慈悲歡喜。

或許因為自己口拙、不擅交際，我特別喜歡禁語，不用開口說話真是快樂無比，不僅耳根清靜，心思也比較集中不會煥散。上師曾開示：禁語可以避免言不及義的閒談，減少口業的累積，尤其聒噪與無意義的言談會伴隨許多有害的心念產生，煩惱也因此而來。

貝瑪貴人，在南印度寺廟出家的七位阿尼。

清晨天光漸亮

　　但是有些人不說話應該是很難受吧？午齋時開放說話，大多數師兄姐依然自我要求嚴守禁語，非必要仍不開口，但也有少數人拚命說話。

　　這兩天開放酥油燈房供大家點燈祈福，由於供燈人太多，每人一點就50、100盞，阿尼們來不及做酥油燈芯，師母（張福成老師夫人）獲知後，以筆代口號召志願者，晚上約八點多，十多名志願者前往酥油燈房外集合。

　　已跟阿尼學會燈芯做法的師母先示範，拿起一支小竹籤和一小坨棉花，將棉花纏繞在竹籤外，用大拇指和食指搓揉成細長狀，尾端再拉出一點薄棉絮供點火用。大家試做後，師母檢查，有的比OK，有的搖手。她拿起一個酥油燈座，指著中間的小圓孔，燈芯若太粗插不進去，太細會傾倒又不易點燃，因此粗細必須要拿捏得恰恰好。

　　我的手實在太拙了，撚棉花不是太細就是太粗，試了幾次，還是不滿意。這燈芯很重要，做不好，酥油燈就點不著，我還是投降吧！

　　走進酥油燈房，向阿尼比畫我要幫忙倒酥油，一位阿尼先示範如何

紐涅法會圓滿，堪布率港台弟子及執事喇嘛大合照。（貝瑪攝）

倒，然後把酥油壺交給我。看她倒很簡單，沒想到我倒第一盞就錯了，
阿尼比畫著告訴我必須把酥油正對著燈芯淋上去，這樣點火時燈芯才能
燒著。我點頭提起酥油壺再試，剛開始幾盞，不是倒太滿就是倒太少，
一會兒後才抓到竅門，越倒越順手。

　　一個多小時中，一直提著又大又重的酥油壺，舉上舉下地為幾百盞
酥油燈燭台倒酥油，一壺倒光了再換一壺，手臂逐漸感到酸疼，原本一
直提很高，漸漸地越來越低，當壺內的酥油比較不燙時，乾脆輕靠在腹
部上，分擔重量，快結束時，赫然注意到衣服黑了一塊，哎呀，我忘了
阿尼她們熔酥油時是整壺拿到柴火上燒，壺底黑烏烏的，這下全沾到我
的衣服上了。

　　這一晚的經歷無限美好，許久之後，我腦海中仍記得那個畫面，十
多位師兄姐在夜色下，無懼低溫冷冽，就著一盞昏黃的太陽能路燈，專
注地撚燈芯，好讓大眾順利點燃酥油燈供佛，圓滿無數祈福的心願，那
些凝固不動的身影，宛如大慈大悲觀世音菩薩的化身！

一座寺廟不只是一座寺廟

三位小祖古昇座典禮，後排左起為高雄中心嘎滇堪布、台北中心巴登堪布。（貝瑪攝）

清早七點全體前往拜見法王，堪布設想周到，事先便為法王準備了送大家的見面禮——蓮師法像及財神寶瓶。

八點半集合，由台灣中心的扎西喇嘛和巴登喇嘛率領大家朝聖八大黑嚕嘎及大鵬金翅鳥，六十多人浩浩蕩蕩穿過村子走到雅魯藏布江畔，看到造型獨特的吊橋，每個人都興奮地不斷拍照，連一旁的印度軍人也受邀入鏡。接著分組過橋，有四位師姐因為懼高症，走了幾步便手腳發軟，無論喇嘛如何勸誘，再也不肯走，最後由我帶她們返回寺廟。

回到寺廟，大殿正在舉行三位小祖古昇座及一位堪布、六位圓滿三年三個月閉關的金剛阿闍黎認證法會。喇嘛招呼我們五人進大殿，隨藏民坐在兩側觀禮，三位小祖古年紀雖小，卻端坐如儀，法相莊嚴。

下午古千法王為大家進行蓮師灌頂。在貝瑪貴這個蓮師聖地，幾乎人人都奉蓮師為根本上師，古千法王又是證量俱足的上師，灌頂加持力特別大，因此從各地湧進數千人，把寺廟裡外擠得水洩不通，從二點半到五點半，從白天到天黑，整整三小時才灌頂完畢。

這天來了許多瑜伽士，最受矚目的是一位將長髮盤在頭頂宛如鳥巢的瑜伽士，不斷有師兄姐找他合照紀念。以前我不清楚為何瑜伽士都

一位堪布、六位圓滿三年三個月閉關的金剛阿闍黎認證,面前堆滿哈達。

以黃金書寫的古老經書《般若八千頌》

著傳統服裝、負責維持秩序的藏族年輕人。

留著長髮,後來才知道原來瑜伽士在長期閉關中不可修整鬚髮,代表密咒乘法門的無有修整,而依照儀規束長髮辮也能為修行者帶來加持力。

隔天早上八點,由法王及各地來祝賀的高僧大德貴賓共同主持剪綵儀式,然後進入寺廟向佛像獻哈達及點燈,齊聲唸誦吉祥文,來賓並輪番致詞祝賀。

接近中午時,一陣喧嘩,群眾互相走告,原來是阿魯納恰邦邦長搭乘專機已經降落了。

這位邦長多傑康卓❶是阿魯納恰建邦以來,第一位藏人當選,意義非比尋常。他對寺廟的興建相當護持,捐款不少,在為寺廟所寫的賀詞中,他說:「深表贊同寺廟成立的宗旨,是為了偏遠的佛教信仰區,保存並弘揚豐富的佛教文化遺產與傳統,同時也為僧眾及當地民眾提供現代教育。」他並期待寺廟未來建立養老院、醫院與學校等想法也能儘快實現。

前導的摩托車隊及吉普車隊率先出現,場面壯觀,堪布陪同邦長為寺廟二樓「見解脫室」主持剪綵

❶ 我們返台後不久,多傑康卓邦長在一次山區視察時,搭乘的直昇機意外墜毀,與同行的幾位官員全部罹難,相當令人惋惜。繼任者為印度人。

慶賀寺廟開光啓用及歡迎嘉賓，表演傳統歌舞。

儀式，並參觀二樓中央的「佛教文化博物陳列室」。堪布說，貝瑪貴地
區的民眾很少有機會看到藏傳佛教以外的佛教文化、歷史及文物，希望
這個琳琅滿目的陳列室可以打開他們的眼界。目前陳設有佛教流傳十四
國、各種大小不同、由珍寶製成的佛塔模型；大乘、小乘、顯宗、密宗
等形形色色的佛像；古老經書寫本，包括以黃金書寫的《般若八千頌》
等。

　　接著進大殿點燈及向佛像獻哈達，然後在大廣場與高僧大德貴賓一
同「放天馬」，人手一串五彩氣球，誦唸〈聖八吉祥誦〉後，放手同時
高喊「啦嗦嗦……」，五彩氣球帶著寫滿經文的風馬旗冉冉上升，飄入
藍空，印在旗幟上的經文咒語也隨風傳送十方，所及眾生都會獲得三寶
加持。

　　聽到四周一片「啦嗦嗦……」的聲音時，我有點激動，多年來獨行
西藏，所有翻過雪山的記憶湧現心頭，每當車子翻過一座雪山的最高埡
口時，藏民不斷往天空拋撒印有經文的五色風馬小紙片，口中高喊的就
是這句話，意思是「神勝利了」，也有表示興奮、高興、吉祥的意思。

　　廣場前方早已搭好一座看台，省長及貴賓被迎上看台，致詞後，由

藏族婦女跳吉祥舞

貝瑪貴地區民眾輪番上場表演傳統歌舞，以慶賀寺廟開光啓用及歡迎
各地嘉賓。一會兒後，省長供養寺廟護持金，並贈送慰問金給表演的
民眾，隨即乘坐專機離開。專機起飛後，還特地飛到寺廟上空盤旋數
圈，地面上所有僧眾全仰起頭來，大聲吆喝，揮手致意。雖然省長來去
匆匆，卻鼓舞了當地藏民的心，大家都期待他能爲全體藏民帶來更多福
利。

　　省長離開後，表演節目繼續。由於看台正對著僧寮，二樓走廊擺設
座椅，堪布和所有貴賓移師入座，座椅前的小桌上擺著茶水、點心及水
果，充滿歡樂氣氛。

　　我倚著二樓欄杆往下望，今日陽光炙熱，曬久了皮膚會有輕微刺
痛，觀賞表演的村民大多擠在僧寮一樓走廊裡及廣場外圍有陰影的地
方，只有追逐玩樂的小孩，無視火熱太陽，滿場跑來跑去。幾個婦女抬
著大簍卡賽及提著酥油茶壺，不斷爲大家倒茶及分送點心。

　　今晚開始，是連續三天的村民新年聯歡晚會，使用的是同一個看

原住民表演歌舞

台，我們坐在二樓走廊就可以觀賞，入夜後，節目正式開始，只見看台前擠滿當地村民，以年輕人居多。我從側面擠到緊臨看台的前面空地，想要正面拍人群，赫然發現坐在最前面地上的幾排，居然全都是寺廟的小喇嘛。主持人說的是印度話，我一句都聽不懂，但由民眾不斷傳出的哄笑，應該是妙語如珠吧。當大家都在笑時，小喇嘛也誇張地跟著笑得東倒西歪。

因為太靠近看台，音響震耳欲聾，站了一會兒受不了，趕緊離開。節目一個接一個，除了傳統歌唱，也有不少現代化的勁歌熱舞，表演的年輕人有好些都是在外地讀書的學生回來過年。

這一年一度的聯歡會，直到十點寺廟停止發電才告一段落。

終於見識到了，為什麼常聽說：

「在西藏，一座寺廟不只是一座寺廟。」

原來西藏的寺廟兼具了全方位的功能，是全村民身、心、靈快樂幸福的源頭。

心的自由

經過昨日早上的長壽佛除障增壽法會及下午的阿彌陀佛灌頂後，寺廟開光法會一系列活動圓滿結束，團隊預定今日離開貝瑪貴，但昨天雲層厚重，中午過後開始下雨，令人擔心直升機停飛，於是昨晚集聚大殿，齊誦〈蓮師七句祈請文〉、〈六字大明咒〉、〈大悲咒〉、〈釋迦牟尼咒〉等迴向諸事順利，堪布並在今早五點帶領僧眾修法。

晨間雲霧在四周群山間昇騰，依照這些天的經驗，感覺會是好天氣，果然。九點半，直昇機來了，順利接走古千法王及第一批師兄姐，午後一點半再接走第二批，沒多久，天空開始飄下毛毛細雨。

我和高雄中心兩位師姐貝瑪、吉美繼續待兩週，其餘十來位師兄姐預定明天離開，其中有對夫妻檔，不知聽誰說我是《聽見西藏》一書作者，跑來我住的僧寮，希望合照，他們說看過我的書，既羨慕又仰慕。

很巧，我的兩位室友，一位是同班閉關的遲師姐，因每次閉關各守禁語，之間沒有過交談，另一位是不同班不認識的師姐，這次三人有緣同為室友，前幾天交換學佛過程及心得，當我講到獨行藏區近兩個月，逐漸走入藏傳佛法殿堂的過程，兩人不約而同表示：

「師姐，你的經驗和《聽見西藏》那本書的作者好像啊！」

獨自於藏區旅行，攔便車搭到一輛滿載牛糞的拖拉機。

在寺外排隊等候參加阿彌陀佛灌頂的民眾

　　「嗯，那本書就是我寫的。」我笑著回答。

　　兩人聽了大為驚喜，表示真幸運，能和她們敬佩的作者同為室友。

　　大家合照後閒聊，主題繞著「勇氣與自由」及藏區行走的故事。

　　很多人佩服我可以揹著背包獨自一人在藏區旅行，其實第一次要出發前，我也有一點顧慮，有一絲畏懼，但勇氣的定義並非什麼都不怕，而是明知害怕仍然選擇去做。當時我抱持一個原則，相信只要心存善念、行善行，回饋我的也必是善念善行。

即將返台的師兄姐們跟堪布辭行，獻供養。

　　隨著接觸藏民的經驗增多，逐漸篤定。而旅程中我能甘之如飴的另一個主要關鍵，我想是因為我可以容許很多不完美的事出現；我能欣然接受旅行在偏遠地區時，所遇見的迥異於台北都會的各種狀況。

　　人通常都會期待所有遇到的人事物全符合自己的希望，這其實是一種執著和不切實際的期待。如果我們可以從這裡跳脫，內心的力量就會變得非常強大。

　　行走在平均海拔4000公尺的雪域高原，尤其需要跳出執著和不切實際的期待，不再堅持必須住在有空調、床單很乾淨的屋子，不再堅持每天洗澡換穿乾淨衣服，不再堅持吃美味的食物，不再堅持喝煮沸的水……等，這讓我變得有餘裕，有更多空間去欣賞及接納所有的不順遂。

　　後來讀到宗薩欽哲仁波切對「出離心」的開示，有異曲同工之妙：「所謂出離，就是不再執著過去執著的事物。當你不再執著一件事物或一種習慣，它就失去了指揮擺佈你的能力，你也就獲得了自由。從這個意義上來說，你必須出離所有的事物，才能獲得徹底的自由。我這裡所說的所有的事物，當然不止是那些看得見摸得著的東西。」

從青海大禮拜到拉薩聖城的藏民，在車水馬龍的拉薩街頭，自在地大禮拜。

　　想盡辦法改變外在世界來追求完美以符合自己的期待，是很容易徒勞無功的，因為永遠都有你意想不到的狀況會出現，還不如改變自己的心態，心念一轉也就峰迴路轉，柳暗花明。

　　就像貝瑪貴位於喜馬拉雅山區，在習慣都會生活的人眼中，這大概是一個落後蠻荒之地吧。幾個月前，中心開始接受朝聖團報名，不少師兄姐來問到過貝瑪貴的我，問題居然是：「那裡蚊蟲多不多？」「有沒有熱水可以洗澡？」也有人問：「三餐吃什麼？」「棉被乾淨嗎？」

　　抵達貝瑪貴後，吃的方面，由待過台灣多年的嘎瑪喇嘛負責，融合印式和中式料理特色，加上印度香料，變化出色香味俱全的素食，雖然菜色幾乎都是馬鈴薯、洋蔥、豆子、紅蘿蔔、高麗菜、番茄、綠色葉菜等，仍然令人讚不絕口。

　　吃沒讓大家失望，洗熱水澡卻變成一種奢想。本來新建僧寮規劃了架設太陽能板，可供應熱水，沒想到由於路況太差，遠從阿薩姆邦運進貝瑪貴途中破了許多，只剩一半。寺方體貼遠來貴客，把有熱水的房間

開光法會期間全程素食，以根莖類蔬菜為主。

全分配給港台弟子，但因天候不佳，陽光不足，還是沒熱水，又因頂樓貯水池無法負載人數龐大的使用量，常常打開水龍頭連一滴水也沒有。

電也是狀況百出，印度全國各地經常性的停電早已司空見慣，在貝瑪貴山區尤其嚴重，白天幾乎沒電，天黑後寺廟自行發電到八點（有時依狀況延長），但因使用人數眾多，電壓不足，燈總是閃閃滅滅地，電器用品也無法完全充電。

這些狀況大多數人欣然接受，畢竟只住一星期就要離開，但也有人因為執著於過去習慣，開始抱怨，而心一旦產生瞋怒，就看什麼都不順眼、不快樂了。

《金剛經》：「若見諸相非相，即見如來。」

如果能在一切看似堅固、恆常的事物中，見到無常與虛妄的本質；在執著有我的習氣中，看到「無我」的事實，不受表相的左右，那就離佛不遠了。

心要自由，不正是這樣嗎？

國王、船伕與牧童

團隊在時，五、六十人一起生活，各自個性不同，有臭味相投的，也有習氣相異的，當時我對後者的對應方法就是保持距離。

如今，人去樓空，混濁沉澱，禪坐靜修「四無量心」，念誦著：「願一切眾生永具樂及樂因；願一切眾生永離苦及苦因；願一切眾生永具喜及喜因；願一切眾生永離怨親愛憎，常住大平等捨。」

心中猛然一震，我看到了自己的過失。「願一切眾生永具樂及樂因；願一切眾生永離苦及苦因」，光是幾個人我就做不到了，哪裡還談得到眾生？真是慚愧！為什麼之前我排斥與遠離那些我認為不如理不如法的人呢？我應該明白他們有著和我一樣希望離苦得樂的願望；我應該以同理心開展出對他們的一份接納與認同啊！佛經常說「如母眾生」，在無數輪迴中，眾生都可能做過自己的母親，我們必須要像對待自己的母親一樣去愛眾生！

看來自己的修行功夫還差得遠，必須努力向堪布學習。

這回偶然獲知一位師姐的故事，由於某些因素，她在酒店工作，家人瞧不起她，但又要她拿錢回家，她生重病時沒人關心她的死活，她因此萬念俱灰，覺得活著沒什麼價值，想一死了之，但自殺好幾次，都沒成功。後來因緣遇見堪布，堪布對她伸出援手，以佛法救度了她，對她展現高度的慈悲心，讓她對生命重燃希望，所以她除了尊敬堪布為上師外，還對堪布充滿著如父女般的親情，她完全信任堪布，發願餘生就是以供養堪布及寺廟為唯一目標，每月所賺的錢只留下生活所需，其餘全數護持。

聽到這件真實的故事後，對堪布無二分別的慈悲心及師姐的發心無比讚歎，也聯想到釋迦牟尼佛和一位妓女間的故事，記得我初次讀到那個故事，就被佛陀對眾生無二分別的愛感動得淚流滿面。

那是佛陀剛開始弘法時，外道為了阻擾民眾親近佛陀，跟隨佛陀信奉佛法，於是派遣當時全城最美麗的一位妓女去誘惑佛陀，想要詆毀佛陀的聲譽。妓女看到佛陀相貌莊嚴俊美，心甘情願以身相許，佛陀拒絕，微笑著告訴她：

「將來當沒有人再愛你時，我會愛你；當所有人都離棄你時，我會守著你。」

妓女忿然離去。

四十年後，有一天，佛陀正在對群眾講經說法時，有個痲瘋老婦人

堪布發放新年禮物給小喇嘛——每人一套新僧服

堪布與小小喇嘛慈祥對話

畏縮地躲在角落裡聽法，她的半邊臉已腐蝕，駝著背，穿著破爛衣服，一身髒臭，眾人避而遠之。佛陀看見她，從座位上站起來，緩緩走向她，溫柔地用手摟著她，給她溫暖。

原來這個麻瘋老婦人正是當年那個全城最美麗的妓女。

堪布展現的正是如佛一樣無二分別的大悲心，眾生在他們眼裡完全沒有富貴、貧賤、敵我的差別，他們對眾生的愛就像太陽普照大地，從不挑三揀四。而我們世俗凡夫，口口聲聲掛在嘴上的「愛」，反而通常是一種有條件的愛。

《普賢上師言教》：「要想清淨自相續的罪障，再沒有比大悲心更殊勝的了。」

一個發大悲心最著名的故事就是無著大師遇彌勒菩薩的經過。

昔日無著大師在雞足山苦行專修彌勒菩薩，想親見彌勒菩薩求教。修了六年，連一個吉祥的夢兆也沒有，心生厭倦下山，路上遇到一位婦人用柔軟的棉布磨擦一根大鐵棒，他好奇地問她在做什麼？婦人回答：

「我沒有針，要將這鐵棒磨成針。」

無著心想：「世間人為了毫無意義之事都這般辛苦努力，我修持殊勝佛法更要有毅力。」於是返回山洞繼續修行。

再過三年，仍然未出現徵兆，心灰意冷再度下山，途中看到一人正在用羽毛沾水拂拭一座高聳的大石山，他問：

「你在做什麼呢？」

「這座石山太高了，擋住我家的陽光，我準備將此山拂盡。」

無著心中再度出現和前一次相同的想法後，返回山洞，又再修持了三年還是連任何祥兆的夢也沒出現，心想：

「整整修了十二年，看來無論如何也無法成就了，下山吧！」

半路看到一隻可憐的母狗，下半身潰爛不堪，長滿蛆蟲，有氣無力的嗚嗚哀鳴。無著油然而生強烈的大悲心，他割下自己身上的肉布施給母狗吃，接著想幫母狗除掉蛆蟲，可是當他用手拿時，蛆蟲馬上就被捏爛了，他想：「不行，救了母狗卻死了蛆蟲，這也是殺生。」於是跪下，用舌頭舔走蛆蟲，要再舔時，狗不見了，光明莊嚴的彌勒菩薩出現在眼前。

無著悲喜交集，跪地叩拜：

「我修了十二年，您一直沒現身，今天終於見到您了。」

對小小喇嘛而言，堪布亦師亦父亦友。

「不是我沒現身，自始至終我從未與你分離過，是你的業障阻礙，所以看不見我。現在你生起了大悲心，業障得以清淨，你就看到我了。若你不信，把我扛在肩上去市集，看有沒有人見得到我？」

無著於是扛著彌勒菩薩前往市集，繞了一圈，逢人便問：

「我的肩上有什麼？」

「什麼也沒有。」每個人都這麼回答，只有一位罪障稍微清淨的老婦人說：

「你肩上有一具腐爛的狗屍體。」

由此可見，發大悲心無比重要，具有不可思議的力量！

堪布也講過，發心有三種類型，如國王之發心，如船伕之發心，如牧童之發心。國王先要降伏敵人，得到人民擁戴，然後登上王位，接著才維護屬下臣民，同理，希求自己先獲得佛果，再將眾生置於佛地的發心，稱為「如國王之發心」。

船伕欲求自己和船客同時安全到達對岸，同理，希求自己和眾生一同獲得佛果的發心，稱為「如船伕之發心」。

牧童照顧牛羊群，全心關注牛羊群能食草飲水，為免猛獸傷害及走失，總是把牛羊群趕在前面，自己隨後而行，回到家也是先把牛羊群趕進牛羊舍安頓好，自己才去休息，同理，希求先安置眾生圓滿果位後，自己再成佛的發心，稱為「如牧童之發心」。

國王、船伕和牧童，願每個佛教徒都能發心如牧童！

不論是珞巴族、印度人還是藏族老者，堪布的關愛都無二分別。

相信才會看見

2月11日恰好是藏曆初十，蓮師生日，從今天起一連三天舉行蓮師十萬薈供大法會，第三天並有一場超薦法會，是貝瑪請堪布爲她逝世週年的先生修法超薦，我也隨喜供養，爲往生親人寫了超薦單，在大殿內隨著喇嘛共修。

這幾天都是艷陽天，除了早晚略感寒冷外，日正當中時的高溫簡直像是夏日，早上洗的衣服掛在頂樓曬，不到半天就乾了。

第二天蓮師薈供結束時，已近五點，天色有點暗了，走出大殿，和貝瑪邊說話邊往僧寮走，忽然一抬頭，兩人驚異地發現天空出現好幾道紅色祥光，穿透雲層，佈滿寺廟上空，貝瑪丟下一句：「我回去拿相機拍照！」立刻往前跑了。

她跑上二樓後，拐彎往房間，我跟上二樓，想起早上晾在屋頂的衣服還沒收，繼續往上走，身在空曠的屋頂，紅色祥光還在，感覺自己似乎與那幾道紅色祥光更靠近了，伸手便可觸及，瞬間心中有個聲音點醒我：隨身小包中不就放著一台小相機嗎？趕快拍照啊！

奇怪，剛剛只顧著欣賞，一點兒都沒想到要拍照，當貝瑪說要回房拿相機時，我也只想著：等她拿大相機來再拍就好了。

機會難逢，說拍就拍，迅速取出相機，對著寺廟及紅色祥光按下快門。紅光共有五道，集中在寺廟頂上偏左側天空，延伸到周圍山脈後方，分佈寬廣，我的小相機鏡頭不夠廣角，無法將寺廟和五道祥光拍進同一畫面，只好從屋頂這頭跑到另一頭，變換拍攝角度，終於勉強把五道紅色祥光拍進一個畫面，然後像是電源突然被拔掉似的，紅色祥光立刻消失得無影無蹤。

這時貝瑪拿著大相機跑上來，懊惱的說：

「啊，來不及啦，慢了一拍，沒拍到。」

「沒關係，我拍了。」我安慰她。

當場回放影像，查看拍攝效果。雖然是口袋型小相機，但因鏡頭採用德國頂級 Leica 鏡頭，相當銳利，果然拍得非常清楚。晚上整理白天所拍照片，在昏暗的室內畫質顯得更加明晰，那五道紅色祥光殊勝萬分！

我在心中低呼了一聲：「好家在，最後關頭有拿相機出來拍。」也再次體驗到每個當下都是稍縱即逝。

後來有一天，忽然心領神會：五道紅色祥光是五方佛降臨，眷顧虔

誠進行薈供的僧俗眾生嗎？

佛教在空間上主張三千大千世界，宇宙無量無邊；在時間上無始無終；在方位上則有五方世界，各由一佛主管，因此有所謂的五方佛，也就是以毗盧遮那佛（大日如來）為主尊，代表法界體性智，再由大日如來分出四方如來，東方阿閦佛，代表大圓鏡智；南方寶生佛，代表平等性智；西方阿彌陀佛，代表妙觀察智；北方不空成就佛，代表成所作智，又稱為金剛界的五智如來。

在貝瑪貴有許多不可思議的現象發生，之前有一天，清晨六點不到，我拿著相機拍一位正在走廊掃地的小喇嘛，相片中出現許多光點及光環，局部放大看，光環有的像壇城❶，有的像法輪，殊勝極了。相片中還出現一些小小的光點，請教了嘎瑪喇嘛，他說那是「眾生，六道眾生」。

喔，這我全然相信，四周本來就有許多眾生，只是人類肉眼看不見罷了。

說到六道眾生，負責大寮（廚房）作業，帶領十個喇嘛供應數百人三餐飲食的嘎瑪喇嘛，在一開始供餐的隔天，就夢見許多餓鬼及畜牲道等眾生來跟他要東西吃，第二天他趕緊在廚房修法，這才恢復平靜。

團隊未離開前，有位劉師兄告訴我，他們幾人去山中觀賞瀑布時，

---

❶壇城，又稱曼陀羅或曼達拉，係描繪諸佛菩薩的道場，通常外圍是圓輪，內有方城（或圓形），中央是宮殿，是修法常用的觀想憑藉，也可具體觀想為「神聖的空間」或「淨土」。

五道祥光延伸到周圍山脈後方，分佈寬廣。

他以自然光拍出的瀑布照片，出現許多壇城、法輪；我同房室友師姐拍「見解脫室」內的高僧法衣及在大殿內拍法會，也都拍到具體而微的法輪與壇城。

俗語說「眼見爲憑」，看見了才相信，但水中月鏡中花，我們看到了也不會說它們存在；同樣地，看不見的也不應該就說不存在。人類的眼睛看不到的萬物太多了，遠處的風景沒有望遠鏡看不清，微生物沒有顯微鏡看不到。

在宗教信仰的領域裡尤其要反向思維「相信才會看見」，不相信怎麼可能看得見呢！

清晨拍攝在走廊掃地的小喇嘛，相片中出現許多光點及光環。

前幾天，吉美堪布說瑪繃小祖古的故事給大家聽。小祖古幼年時被一個小孩欺侮，本來小祖古置之不理，但屢次被欺侮。有一天他不動聲色的把對方的鞋子以神通力黏到天花板上面，之後那個小孩才不敢再欺侮小祖古。

小祖古的前一世是個修行很好的瑜伽士，要往生時，佛母問他會投生在哪裡？瑜伽士回答：

「企珠。」（藏語意思，企是狗，珠是兒子）

佛母不解其意，問：

「你要投生為狗？」

瑜伽士來不及回答便走了。後來轉世在爸爸名字叫「企」的人家，大家才恍然大悟。轉世第一次、第二次都因照顧不當而夭折，第三次再投胎，長到會說話時，小祖古就對父母說：

「你們再不好好照顧我，我就不再來了。」

這些聽起來像神話，卻是千真萬確，在貝瑪貴傳為美談。

吉美堪布敘述瑪繃小祖古的童年故事

大智若愚

港台朝聖團及各地來祝賀的賓客相繼離開後，嘎瑪喇嘛率領的伙伕團收隊，廚房不再供應色香味俱全的餐飲，恢復平日簡單的大鍋菜，堪布於是吩咐由他的三位侍者為我們備餐，固定侍者是19歲的桑傑喇嘛，去年7月就認識，貝瑪和他頗投緣，認他當乾弟，這回還特地帶了手錶來送他。另兩位支援侍者索南喇嘛和噶丹喇嘛，則是從南卓林佛學院放假回來參加開光大典及探望家人的學僧。

由於堪布一天只用兩餐，早上十點和下午四點，我們和三位侍者喇嘛單獨相處機會增多，逐漸熟稔。三人年紀都很輕，略懂英語，烹飪技術普通，幾乎每餐都問我們要吃什麼？怎麼煮比較好？擅長烹飪的吉美不時指導他們，今晚乾脆讓他們休息，由她掌廚。

用完餐，比較活潑的索南喇嘛、桑傑喇嘛和我們聊天，然後拿出手機，兩人做作地擺出各種搔首弄姿姿勢自拍和合拍，我們看得哈哈大笑，他們立刻以動作示意：堪布在隔壁，不能笑太大聲。這還是第一次見識到喇嘛的搞笑功夫呢。

之後，貝瑪和吉美回寮房，我獨自繞著大殿轉三圈，走回宿舍時，遠遠看到小索南喇嘛一個人坐在太陽能路燈下的水泥路階，走近了，才看清地上有一堆五顏六色的橡皮筋，他正玩弄著。我用藏語和他打招呼，問：

「吃過飯了沒？」

他裂開嘴笑了，露出可愛的虎牙，對我點了下頭，我再問：

「你坐在這兒做什麼？等人嗎？」

他笑容不減，保持露出虎牙，同時頭一歪肩一聳，這個動作我可熟悉得很，是印度人最常擺出的姿體語言，連藏人也深受影響，經常以這個動作代替言語的回答，只是我通常都搞不清楚它是表示「是」還是「不是」？是「肯定」還是「否定」？或只是「不置可否」？此刻我同樣不明白小索南喇嘛的意思。

去年7月來貝瑪貴時，有一天和堪布閒聊，聊到每個人天賦資質不同，各有優劣。堪布提起寺廟裡有位小小喇嘛，沒人教他，竟然會跳金剛舞。為滿足我們的好奇心，堪布請侍者去叫他來，那個無師自通的小喇嘛就是小索南。

小個頭的他，站在堪布和陌生人面前，有點靦腆，但絲毫不畏怯，他安靜地站立幾秒，好像腦中有前奏似的，然後開始手舞足蹈，沒有音

從南卓林佛學院回來參加開光典禮的學僧，正在練習金剛舞。

樂，卻流露出無聲的韻律感，小嘴一張一合，不知是在數節拍還是在哼
音樂。

　　我在西藏曾看過喇嘛跳金剛舞，小索南喇嘛跳的真的很像。金剛舞
原是印度瑜伽大成就者修行的方法之一，昔日，蓮師受到藏王赤松德讚
邀請，由印入藏協助創建桑耶寺時，受到妖魔鬼怪阻擾，曾跳起威猛的
金剛道舞降伏魔擾，成為西藏金剛舞的由來。

　　小索南喇嘛手中空無一物，但感覺就好像他手裡持有類似五色招財

2010年初訪貝瑪貴，認識無師自通會跳金剛舞的小索南喇嘛。

兩顆虎牙是小索南喇嘛的標誌

旗或拂塵之物，兩手上下左右揮揚，雙腳輪流前抬後彎，身子不斷旋轉，動作優美流暢。

能無師自通跳金剛舞眞的很屬害，金剛舞步不簡單，就算有人教還不一定學得會呢！或許小索南喇嘛前世就是個精通金剛舞的僧人，今生還帶著前世記憶。

跳完後，大家鼓掌叫好，我用藏語問：

「你今年幾歲？」

他只是露出虎牙笑著，沒回答。堪布又問了一次，他才比出一個手掌，5歲。大家覺得不像，應該更大一些。堪布解釋，山裡人不太注意出生年月日及年紀，都是大約大約的算。

過了半年，他的虎牙標誌笑容一點兒也沒變，我在他身旁坐了下來，問：

「這些橡皮筋要做什麼用？」

沒回答，再問：

「遊戲用嗎？」

又是那個一擺頭一聳肩的動作。看到這些散亂一地的橡皮筋，我想起小時候收納橡皮筋的方式，於是讓他拉著一頭，然後一條一條幫他把零亂的橡皮筋串成一長條，他興趣十足的看著我的動作，我邊串邊唸著：

「紅色，黃色，綠色……」

他清楚了顏色順序後，主動按照順序從地面大堆橡皮筋中找出來遞給我，仍然沒有發出任何聲音，只是裂嘴笑著，看得出來很高興。

橡皮筋穿完，四周悄無人影，他應該不是在等人吧，於是招呼他和我回寮房，請他吃餅乾。他看到房內小供桌上幾張佛菩薩、護法及上師的法照後，從懷裡拿出兩張小小的相片遞給我，是一對中年男女的大頭照，我問他：

「這是誰？你的爸爸媽媽？」他點頭。

把室內唯一的椅子讓他坐，我坐在木板床沿，他對我小供桌上的每樣東西都感到好奇，先拿起多功能手錶把玩，我一樣一樣功能變換著讓他看，他一聲不吭，但看得出來覺得很有趣。

接著把玩MP3，我的MP3內都是西藏民歌、修行道歌、持咒及藏經唱誦，幫他戴上耳機，一首一首放給他聽。第一首是噶陀寺僧眾唱誦的《心經》，他眼裡放出光采，頭部及身體隨著韻律微微搖晃著，聽完一首又一首，欲罷不能。

就這樣，我坐床沿，他坐椅上，兩人不說話，在昏暗的光線下，他專注地聽著，我望著他，被他專注的神情所感動，在這幽暗、靜謐、流動如水的昏黃燭光下，探觸到了一個小小心靈的深層，沉默中有一種定靜，小臉蛋上寫著稚氣，卻散發出宛如老僧入定的專注與寧謐。數十分鐘過去了，他依然一動也不動地諦聽著，靜謐的夜，我心也靜如止水，

窗外月光溫柔地灑入房內。

看看時間，和貝瑪一起約了炯雅祖古八點錄音，時間快到了，只好狠心打斷他的專注，跟他說我有事，請他先回去，下回有機會再來聽。看他仍拿著MP3動也不動，我以為他沒聽懂，重說一遍，邊把MP3拿過來，他一臉捨不得的神情，我半推著他出到門外，告訴他：「快回去，下次再聽。」

關上門，上完洗手間，有人敲門，以為是貝瑪來找我，一開門，咦，怎麼是小索南喇嘛？他作勢還要聽MP3，我說：「不行，現在不行，我有事。」他指著MP3作出一個拿走的動作，意思應該是想帶回去聽，我搖搖頭，他又不會操作，而且馬上要幫炯雅祖古錄音了，借他用什麼錄音？

再重複說了一遍：

「我馬上要幫祖古錄音，你趕快回去，下回再給你聽。」

在我一再催促下，他慢吞吞地往前移動步伐，盯著他直到他消失在樓梯轉角，我回房拿了MP3及手電筒，趕緊到貝瑪寮房，喊她前往大殿和祖古會合。兩人才走下樓，遠遠看到炯雅祖古走來，說他喉嚨很熱又有點咳嗽，怕影響錄音效果，想改天再錄。我們猜想是連續幾天擔任領誦，喉嚨使用過度了。

和貝瑪回到二樓，倚著欄杆聊天，意外地，小索南喇嘛又出現了，只好和貝瑪一起押著他回小喇嘛寮房，走近時，寮房一片安靜，反倒是不遠處的餐廳傳來吵雜聲，這才想起開光典禮時有人供養寺廟一台電視，今晚是看電視時間。

我問小索南喇嘛：「你要去看電視嗎？」

他搖搖頭，逕自往寮房走去。

望著他的背影，我有點不明白這個安安靜靜的小孩，之前幾次問他話，他都一言不發，只是回給我招牌虎牙笑容，少之又少的幾次開口，也只說單字。原先我以為他有語言障礙，但有一次聽到他說了一長串話，只不過我一句也沒聽懂，請教其他喇嘛，方知他父母是藏東康巴人，康巴語和我學的拉薩語是完全不同的兩個語系，我當然聽不懂。

確認小索南喇嘛沒有語言障礙之後，我想或許他只是不愛說話吧，我自己不也是不愛說話嗎？從此，我和他的互動便大多依循著微笑加手勢的模式，安安靜靜地交往。

從西康轉世到貝瑪貴

所有法會告一段落後，堪布規劃了六天弘法關懷之旅，拜訪山中各個村落，順便帶我們三人朝聖仰桑河極密聖境。

第一天，大清早五點出發，由一位來自札西崗村的寺廟負責人多傑丹增領路，加上三位侍者喇嘛，一行八人。走過雅魯藏布江吊橋，山路緩緩上坡，約一個半小時經過珞巴族小祖古住的村子Nyaming，看到和村中小孩玩得一身髒、流著鼻涕的小祖古，差點認不出他來，和在寺廟昇座時的懾人氣勢全然不同。堪布說小祖古的前世是貝瑪貴一位修行很高的瑜伽士，過陣子會進寺廟和小喇嘛一起學習，之後再看狀況是否送往南印度佛學院。

一路上坡下坡，在樹林裡穿梭，越過兩座小吊橋，中午在路旁木棚用餐時，嘎瑪喇嘛和他父親從後趕上我們，原來我們今晚要住宿的由東村就是他們老家，他們要趕回去準備。體格壯碩的嘎瑪喇嘛體力卻不如他那瘦削的父親，他請父親先走，他陪著我們後走，父親一聽立刻健步如飛往前，一下子不見蹤影。我們向嘎瑪喇嘛讚歎他父親真厲害，嘎瑪喇嘛笑著回答：

「他是貝瑪貴人嘛，我已經變成台北人啦！我阿公78歲，外曾祖父83歲，更厲害，也是一天就從由東走到土亭！」

途中不斷遇到藏民，每個人遠遠見到堪布，難掩歡欣，雙手合十立即迎向前來跟堪布問候，然後垂首讓堪布摩頂加持。有的更像是早就知道堪布會來，隨身帶著白色哈達獻給堪布！

四點多，路旁有一小空地，由東村藏民來迎接我們。再往上爬約20分鐘抵達村裡，幾張桌椅及各式點心水果擺在興建中的「得滇札西卻林寺」旁，託堪布之福，我們三人也被奉為上賓入座。

一停止走路立即感到寒氣逼人，堪布和幾位村民代表寒暄後，全體往今晚住宿的閉關房移動。閉關房位在5分鐘路程的山坡上，四周起霧，能見度有限，不過還是感覺得出地勢的開闊。帶路的嘎瑪喇嘛直呼可惜天氣不佳，天氣好時，可以看到片片山巒層層疊疊開展的美景。

這些分散的獨棟閉關房，在霧中顯得有點神祕，目前有三位瑜伽士正在作長期閉關，由烏金彭措仁波切（當地人慣稱烏金祖古或美國仁波切）指導。

得滇札西卻林寺重建計劃由烏金祖古推動，承接上一世得滇仁波切的心願：希望能在聖地建構專屬蓮師淨土的吉祥宮殿寺廟，後因得滇仁

像日期：2010/12/23　2002

Nyereng

Kuping

Nyaming

Zido

11

Tuting ♀ Tuting
28 56'54.73"北　94 56'55.10"東　海拔高度　1,155公尺

© 2012 Mapabc.com
Image © 2012 GeoEye
© 2012 Google
© 2012 Cnes/Spot Image

仰桑河極密聖境朝聖圖

❶ 法身阿彌陀佛聖地「貝瑪謝日」　　　　　❷ 報身大悲觀音聖地「日沃達拉」

❸ 化身蓮花生大師聖地「孜大布日」及「達那果夏」聖湖　　❹ 亞米林村

❺ 札西崗村　　　❻ 得威果札　　　❼ 瑪哈果札村　　　❽ 由東村

❾ 白雲巔村　　　❿ 佩解脫石　　　⓫ 大鵬金翅鳥雌鳥聖跡　　⓬ 八大黑嚕嘎聖跡

⓭ 大鵬金翅鳥雄鳥聖跡　⓮ 馬頭明王聖跡　⓯ 仰桑河　　　⓰ 雅魯藏布江

視角海拔高度　7.87公里

波切年事已高，加上缺乏資金，僅完成第一層樓，目前重啓興建計劃。

烏金祖古於南印度貝諾法王座下完成九年佛學院課程，順利取得堪布學位，並於該寺執教三年後，1999年起參與美國毗盧遮那基金會的運作，目前擔任該基金會聖塔芭芭拉中心的常駐仁波切及貝瑪貴寺院重建計劃的指導。由於他的關係，由東村常有美國弟子來朝聖及作短期閉關。

濃霧轉爲小雨，大家本來圍坐在室外營火旁和堪布聊天，雨大後，堪布回他住的閉關房，其餘人隨著嘎瑪喇嘛下到半山坡的廚房用餐，餐後大家在廚房裡聊天，今天因爲有國語流利的嘎瑪喇嘛居間翻譯，談話暢所欲言。

烏金祖古的弟弟雷謝札央一直陪著我們，他和嘎瑪喇嘛自小是好朋友，嘎瑪喇嘛爆料雷謝札央小時候看到他出家，吵著家人也要出家，不然要去自殺，結果出家後又因佛學院課程壓力太大，於是返俗，去了美國，娶了美國籍太太，當前是代烏金祖古回來監督寺廟興建。

貝瑪貴家家戶戶盛行喝一種自製的酒叫「羌」，和台灣原住民的小米酒有點類似，但材料不是小米。我們被勸酒，說是遠來的貴客一定要喝。學生時代我參加山地服務隊時，曾有被原住民勸喝小米酒結果喝醉的經驗，這回不敢多喝，淺嚐即止。貝瑪有一半泰雅族的血統，連喝兩杯，不一會兒，頭直往下垂，身體歪向一側，反覆說她好想睡覺，看似有點醉了。

我們三人睡同一間閉關房地板，九點多，貝瑪和吉美就寢，我拉了把椅子坐在室外小迴

霧中分散在山坡上的一間間閉關房

廊，黑夜中雨絲紛飛，望著圍繞在四周若隱若現的小閉關房，每間看過去都黑黑地，不知是哪三間有瑜伽士在閉關？屋簷雨滴，滴滴答答，視野迷濛，心境卻清明，在這個地方閉關，應該很奧妙吧！

十點多進屋，鑽進睡袋，關掉手電筒，閉關房內只有壇城供桌上一燈如豆，風勢從四周木板縫隙長驅直入，吹得酥油燈火閃爍不定，左右飄搖。

一夜雨勢未斷，時而風強雨急，明日肯定要走在風雨中了。

晨起依舊下著小雨，偶爾雨歇，天際稍開，霧氣迷濛，如夢似幻。

烏金祖古的弟弟雷謝札央

稍微看清了散落在山坡上的小閉關房，正中央有一間呈多角型的360度環狀大竹屋，那是閉關指導中心及集體共修所在，美國仁波切的父親招待我們進去，托堪布的福，有緣一見原本鎖在櫃中的珍貴法帽。這頂達娃祖古戴過的法帽，嵌鑲許多珠寶玉石，造型隆重特殊，預定要傳給轉世的小達娃祖古，因小達娃祖古還在南印度學習，目前先暫時寄放於此。

屋內有一整面牆都是經書，正中是壇城，第二世敦珠法王的照片與一左一右的釋迦牟尼佛與蓮師唐卡同等大小，可以看出法王在貝瑪貴人心目中的地位。這張黑白相片有點泛舊了，但拍得挺傳神，法王戴著眼鏡，器宇軒昂，英姿煥發，中分的長髮紮梳得一絲不苟。這是我第一次看到法王這個年齡的照片，用世俗話來形容：真是個瀟灑的酷男！

蓮師曾預言：「於藏民顛沛流離，失其國土，佛法命脈遭受衝擊而有危滅之虞時，我之化身，名為智札耶喜多傑，將會降世護持法幢。」

蓮師說的這個化身，就是第二世敦珠法王。他的前一世是著名的伏藏師敦珠林巴，原本修行地在西康色達喇榮溝（今屬四川甘孜藏族自治

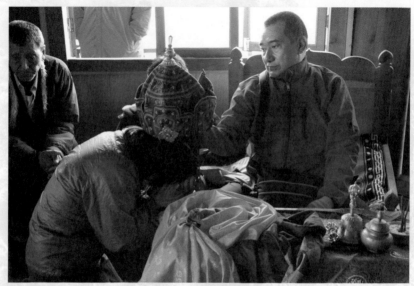

堪布以達娃祖古珍貴的法帽為我們摩頂加持

州），敦珠林巴本欲按照蓮師授記前往極密聖地貝瑪貴開取伏藏，然而弟子們以上師年事已高，貝瑪貴路途遙遠、路況險阻等理由予以勸阻，他護念弟子心意，便未成行。

經過數年，敦珠林巴對弟子說：

「我已色身衰老，你們如果對我有信心，就該前去極密聖境貝瑪貴，我將轉世在那裡，以圓滿開發聖地、廣大利益眾生的心願。」

敦珠林巴圓寂後，許多證悟成就的弟子遵照指示，陸續來到貝瑪貴，尋覓上師的轉世。

轉世的第二世敦珠法王於1904年出生於西藏貝瑪貴望族，出生時有無數祥瑞的徵兆，父親是貝瑪貴噶陀寺著名祖古，母親是著名伏藏師耶那寧巴的後人。他在3歲時，遇見前來尋覓他的眾多敦珠林巴弟子及其他大瑜伽者、學者，逐一辨認出各人的名字及性格，因而被確認是敦珠林巴的轉世。

自幼他就聰穎過人，學習力強，領悟力高，能舉一反三，5歲時開始取嚴庫，8歲跟隨大師廣習經論，17歲時來到仰桑貝瑪貴舉行「大寶伏藏」灌頂，一生著述極為豐富。他在貝瑪貴地區建立許多寺院及兩所

器宇軒昂的第二世敦珠法王照片

佛教學院，將習法者分成出家僧侶和在家密咒士兩個團體，以宏揚顯密教法。離開西藏停留印度時，也在噶林邦、措貝瑪、大吉嶺等地建寺或閉關中心，之後定居尼泊爾加德滿都，於大白塔附近建敦珠祖廟，並前往歐洲弘法，1987年在法國南部閉關中心入涅盤。

1959年，當中國佔有西藏後，敦珠法王遷往印度貝瑪貴，並特別囑咐弟子必須從中國所佔據的北貝瑪貴遷徙至南貝瑪貴，許多入室弟子於是來到得滇仁波切在由東村的閉關地，他們帶來許多珍貴的法器聖物，包括敦珠法王親筆落款的老唐卡，刻印有諸佛咒語、佛像的彩繪板、稀有的老佛像等。

第二世敦珠法王經常告訴弟子：

「以後你們要長期住在貝瑪貴，作禪修。」

可是他自己不能住在貝瑪貴，因為貝瑪貴位於中印邊界，印度政府很謹慎，只要是著名上師都不讓住貝瑪貴，以免引起糾紛。

儘管第二世敦珠法王無法長住貝瑪貴，但他授記預言過，將來貝瑪貴佛法會非常興盛。並曾多次返回貝瑪貴普巴金剛聖地舉行大成就法會以及賜予其他灌頂、教授，備受貝瑪貴人景仰，奉為圭臬。

石頭上的金剛手

離開由東村，在雨中走約一小時，雨停了，前面出現手捧哈達迎接堪布的藏民，在路旁空地搭建了臨時遮雨棚，擺設桌椅，鋪上卡墊，煨桑、焚香，奉上藏式點心、水果、奶茶。我望著那裊裊上升的煨桑煙霧，體會到他們對堪布的虔誠與尊敬。

在一位藏民持花和香爐前導下，走出林子，遠遠地便看到山坡下方竹屋分散、雞犬相聞的瑪哈果札村，腹地不小，這裡便是《世界心精華寶》一書作者貝瑪仁增仁波切的家鄉，也是仰桑河畔最大的藏族村子，有數百位村民。

走下山坡，進入村子，仁波切率眾列隊歡迎，我們被迎進屋中，休息兼用點心。今晚的住宿地是札西崗村，明天從札西崗往回走，才住這兒。

堪布和他們以藏語交談，我和貝瑪告退走到屋外坡地邊緣，遠遠可以看到有宇宙中心之稱的「得威果札」，地勢比我們所在地瑪哈果札低，建在一個獨立的小山嶺上，仰桑河流到那裡很奇妙的繞著小山嶺轉了一圈。得威果札遺世獨立，靠兩座吊橋與外聯結，貝瑪貴人說的朝聖得威果札，便是沿著被河流環繞的小山嶺順時鐘繞轉，朝聖小徑穿越山腰密林上下攀爬，有些路段緊臨河畔亂石堆，不太好走。

和仁波切道過「明天見」，一行人繼續前進，走過空曠的大草坡時，斜坡下方有塊長條形的黑石頭，大半埋在地裡，堪布說那也是聖跡，昔日有大蛇在此地興風作浪，破壞農作物，後被蓮

抵瑪哈果札，貝瑪仁增仁波切率眾迎接堪布。

貝瑪和我，圖中央小山嶺上的紅屋頂即得威果札寺。

多傑丹增帶路，走過連接得威果札的吊橋，下方為仰桑河。

師降伏，將大蛇埋入地底，只剩下蛇身體的一小部分露出。

　　走約半小時，越過連接得威果札所在小山嶺的吊橋，出現一棵神木似的大樹。多傑丹增說在得威果札的四周東西南北各有一棵大樹，都是年代久遠的老樹，大家繞著神木轉一圈後，多傑丹增往上坡走，被堪布叫住，說現在不去得威果札，明天從札西崗回來才要前往。

　　再次越過一座吊橋，離開得威果札所在的小山嶺，氣喘吁吁的爬坡，前導的多傑丹增突然停下，要我們回頭眺望，下方是得威果札寺廟的紅屋頂，上面的山坡上一片直立高聳的風馬旗及白色屋頂則是瑪哈果札，再往上面，雲霧中幾間小小的房屋是由東村，連建設中的寺廟以及山坡上的閉關房都隱約可見。從我們站的山坡看過去，三地由低往高分佈，好似位在同一山坡，其實各隔一大段距離。

　　爬完陡坡，繼續在茂密山林中行進，又下雨了，走到稍感疲累時，前面出現手拿哈達的藏民，心裡一樂，這表示快要抵達札西崗村了，看看手錶，從得威果札吊橋走到這兒約兩小時。

回首,最下方是得威果札,中間土坡處是瑪哈果札,最上方是由東村。

　　離開山路,走陡坡往上爬,上方傳來法號海螺聲,幾分鐘後便置身札西崗寺一側空地,二十多位男女老少藏民等著向堪布獻哈達。

　　多傑丹增提著香爐前導,四位吹著海螺法號的村民伴隨,全體繞轉寺廟一圈後,脫鞋進入寺廟。札西崗村很小,只有十多戶人家,這間寺廟也很小,二十多個村民加上我們,便快擠滿了。

　　札西崗寺有三層,層層內縮,風格簡潔莊重,沒有過多細部的彩繪和裝飾。由現任住持多傑丹增的父親興建,堪布說他也是一位修行很好的瑜伽士,當時因資金不足,二、三樓只有結構體,內部並未完工,經過五十多年歲月洗禮,如今已呈老舊。

　　堪布對藏民開示,並主持山淨煙供法會,我環視藏民虔誠又歡欣的神態,想起去年7月,那位走了一天半趕到土亭拜見堪布及參加法會的老婦人,因為聽聞佛法機會不多,所以他們都格外珍惜。

　　多傑丹增引導大家到寺外參觀「金剛手聖跡」,那是一塊巨大的石頭,上面有「金剛手」的圖案。他和堪布快速對話後,堪布告訴我們:

抵札西崗寺廟，村民向堪布獻哈達。

「這圖案是天然形成的，非常神奇，他說他小時候這塊石頭比較小，後來慢慢變大，連上面的金剛手圖案也跟著變大了。」

金剛手菩薩因手執金剛杵而得名，也是大勢至菩薩的忿怒化身，通常被歸爲「悲智勇」三尊之一，其中，「悲」的代表是觀世音菩薩，「智」的代表是文殊菩薩，「勇」的代表即是金剛手菩薩，具有除惡降魔的廣大神力。

金剛手是三鎧甲之一，《貝瑪貴聖地誌》記載聖地由佛之身、語、意三鎧甲守護，身鎧甲是一雌一雄之大鵬金翅鳥聖地，代表佛身無所畏之功德；語鎧甲是札波果瓊的馬頭明王聖地，代表佛語無所畏之功德；意鎧甲是鎮伏魔軍的金剛手菩薩聖地，代表佛意無所畏之功德。

天空飄著毛毛雨，大家回廟裡，我撐著傘，沿寺廟外圍慢慢轉著，地上有明顯的由人踩踏出來的小徑痕跡，看來經常有村民來轉寺廟。

經過寺廟側面的一扇小窗戶，堪布探出頭來問我：

「袞秋，你在做什麼？」

「我在轉寺廟！」

「要邊誦『嗡瑪尼唄美吽－呸』喔！」堪布快速地說。

我口中應好，心中感到奇怪，「嗡瑪尼唄美吽」是六字大明咒，爲什麼要再加一個「呸」呢？想問，堪布已縮回身子，不見了。

堪布會這樣說，應該有特別用意，就照著誦吧。

邊誦邊轉，再次轉到小窗口，堪布又探身出現，笑吟吟地叫住我：

四位村民吹奏海螺法號

「袞秋，你在誦什麼咒？」

「就是您說的『嗡瑪尼唄美吽－呸』啊！」

「不是，是『嗡－班雜－巴內－吽－呸』！」

堪布放慢速度說，這回我聽清楚了，啊，怎麼差那麼多，我頓時面紅耳赤，趕緊問：

「堪布，這是什麼咒？」

「金剛手菩薩的心咒！」

修正後，邊轉邊誦，腦中突然浮現一個問號：堪布怎麼會知道我誦錯咒呢？有點不可思議，同時也想起搭車進貝瑪貴的黃師兄前幾天告訴我的一件事。

當初堪布人還在台北時，有次黃師兄開車送堪布回中心，堪布問他將搭飛機還是搭車進貝瑪貴？他回答：

「搭車，聽說兩天才會到貝瑪貴。」

「不是，是三天。」

黃師兄說他當時也搞不清楚到底搭車需要幾天？等朝聖團來到Dibrugarh，兵分二路，被告知搭機的當天就會到貝瑪貴，搭車的要兩天才會抵達，他想起堪布說三天，還以為堪布說錯了，萬萬沒想到，連人帶車上船後，因為冬季水位低，船伕一時不察，船擱淺在雅魯藏布江中，最後果真花了三天才抵達貝瑪貴。

他講完這件事後，正經八百的告訴我：

由山坡俯望寺廟，雲霧迷漫，空靈如仙界宮殿。

「我覺得我們堪布有神通，事先就知道我們要三天才會到貝瑪貴。」

和上師非常親近的貝瑪也跟我說過好多次，她覺得堪布有「他心通」。

眼前當下，我也產生了類似的感覺。

一會兒後，被喇嘛叫到寺廟另一側空地的竹屋烤火，這間房屋是為了寺廟舉辦法會時供應村民餐飲而建，奇怪地是，視線所及看不到半間民房。烤火閒聊時，我提出疑問，多傑丹增說札西崗腹地不大，住家都分散在寺廟上方及下方的小空地，他本來安排我們住到村民家裡，但被堪布婉拒，避免打擾民眾。

多傑丹增去過西藏流亡政府所在地達蘭莎拉，也在印度大城市工作過，會說英語，我和貝瑪混雜著藏英語跟他聊天，聊到我們很想去神山聖湖朝聖，已去過很多次的他，立刻建議最好的季節是入秋後，大約藏曆8、9月時。

夜宿寺廟地板，男女眾分開兩側，才八點大家全擺平了。我睡不著，靜靜躺在睡袋裡，酥油燈火照著掛在簷柱及牆上的各式面具，閃閃爍爍，神佛好像復活了。又是一夜雨勢不斷，伴雜著咳嗽聲，聽起來像是陪我們睡在廟裡的多傑丹增。

大清早天還未亮，我起來作早課，空氣冷峻，裹著睡袋，留意到正中央佛前有個人在打坐，天亮後才看清是多傑丹增。

多傑丹增招待大家前往他家用早餐，上坡登高後回望，雨小了，山谷雲霧迷漫，群峰綿延，寺廟在翠綠林木及霧氣包圍下，空靈如仙界宮殿。

世界心，精華寶

在雨中離開札西崗往回走，目標是朝聖得威果札，繞轉一圈。走過連接得威果札小山嶺的吊橋，經過一棟興建中、未來要供朝聖客住宿的小屋，往上爬，來到位於最高處的寺廟，一位老瑜伽士迎上來，向堪布獻哈達，他是高雄中心常駐嘎滇塔巴堪布的父親也謝多傑。

得威果札被記載為「勝樂金剛」聖地，寺廟由大伏藏師札昂林巴（貝瑪仁增仁波切的前世）所建，昔日他迎請17歲的第二世敦珠法王，從西藏貝瑪貴前來寺廟傳法，那是敦珠法王第一次傳授《大寶伏藏》灌頂及口傳。

這裡有許多聖物，除了札昂林巴往昔所取出的伏藏佛像和法本、百年以上的古老佛像、經典與佛塔……等，還有蓮師安坐七個月的天然岩石法座，蓮師安坐其上廣傳密咒金剛乘教法，並且加持法座成為伏藏寶篋，主要為了消除世界瘟疫、飢荒、戰亂、以及感招圓滿喜樂，貝瑪仁增仁波切曾說：

「作為維護地水火風一切精華不衰損之如意寶，其中隱藏能使世界和平喜樂的多種法寶，而法座本身就是一只特殊的伏藏寶篋，因此稱為『世界心，精華寶』！」

一般確信貝瑪貴的首要聖地是仰桑貝瑪貴，而仰桑貝瑪貴的中心便是得威果札。乍看得威果札只是一座山巒，實質上卻是一個有無數聖眾環繞的清淨聖境，被視為法報化三身的剎土，即法身阿彌陀佛、報身觀世音菩薩及化身蓮花生大師的淨土。

繞行得威果札是貝瑪貴人的傳統習慣，當地居民有任何祈求與困難，都會前來繞行，作為吉祥如願的緣起。他們相信，不斷繞行得威果札和隱藏無數聖眾的山林，能夠消滅罪障、增長福慧，也能種下來世生於淨土、漸次解脫之因。

得威果札寺在上世紀末葉曾受大地震破壞，後由當

正在煨桑的老瑜伽士是高雄中心常住嘎滇堪布的父親

得威果札寺

天然石龜及石蛋，右為朝聖的當地年輕人。

穿行茂密比人高的雜木林

地民眾重新興建，以石頭堆疊，並僱用不丹工匠前來建造內外結構，後因經費不足，只建一層，直到前幾年，貝瑪仁增仁波切決定設法修復，目前正在建設中。

寺廟正前方的長形涼亭裡，擺設了卡墊及矮桌供香、花，堪布開始修法《山淨煙供》，喇嘛和也謝多傑在一旁的煨桑台煨桑，其餘人轉寺廟，寺廟右側有一塊形似烏龜的巨石，上面放了一個光滑圓滾的石蛋，比聖跡大鵬金翅鳥的雌鳥蛋小些，我順利扛著轉了寺廟一圈。

用過午餐，出發繞轉聖地，這時出現多位年輕藏民陪同，幫我們寺廟繪製壁畫的不丹畫師也在其中，由他們領路，遇陡峭地形時協助貝瑪、吉美和我一臂之力。

堪布說他小時候曾住在得威果札一星期，繞轉一百圈，平均每天轉十三圈以上，轉一圈約半小時，慢則四十分鐘。

途中穿過茂密比人高的雜木林，攀爬巨岩上下，過溪澗的獨木橋時有人滑落，腳全溼了。我在跳躍緊貼溪畔的大小石頭前進時，也不小心

裂隙裡是蓮師閉關修行的山洞

一腳踩進水中，大家笑稱「甘露水」加持。

　　隱藏在一棵枝葉茂盛老樹後的一處小山壁，有泉水汨汨滲流，溼壁上佈滿紅土，堪布說那是蓮師加持的聖土，每人都吃了一口後，還特地帶了一些要回台北與師兄姐們分享；走到一處山壁，下方堆滿「擦擦」，這是一種用泥土做成的小佛塔小佛像，是朝聖者留下的祈福物。

　　堪布一路領先，我們在後面常看不到他的身影，轉個彎，來到一處山壁，看到我們，索南喇嘛指著山壁間狹窄的裂隙說：

　　「這是蓮師修行的山洞，堪布在裡面。」

　　我用國語轉告兩位師姐，三人不太相信，洞隙很窄，堪布壯碩的身軀進得去？

　　因為太熟了，索南喇嘛有時會開玩笑，為了確認，我用藏語另問昨天在半路才和我們會合的吉美喇嘛，彼此還不熟，他講話比較正經：

　　「堪布真的在裡面嗎？」

　　「真的，堪布叫你們也要進去。」

　　我率先趴倒在泥地上，用兩手臂抵住地面往裂隙裡爬，發現手臂會

卡住,停了一秒,正在想要如何變換姿勢時,從黑暗的洞內傳來堪布慈祥、平和而堅定的聲音:

「袞秋,進來,裡面很大。」

聲音不大,卻如雷灌頂,令我有種非常強烈、非常不尋常的感受,全身汗毛直豎,一股「全然相信」的力量油然而生。在眼前黑暗洞內的正是我尋找許久,今生全心全意信賴的依怙上師,就算洞內有老虎獅子,我都會依循著這聲音的方向,不顧一切往前。

於是,我緊貼地面,雙手往前伸直,縮窄身體的寬度,靠著腹部肌肉及臀部左右扭動著往前推進。可能模樣很滑稽吧,身後傳來大家的笑聲。我繼續努力扭動,直到身子三分之二進了洞內,只餘雙腳,用手一撐地,抬高身體,同時堪布也用手電筒幫我照明:

「站起來,站起來,你看,洞內很大呢!」

寧瑪派秋竹仁波切說過:

「信心是一種發自內心的感情,加上一種尊敬、崇拜、歡喜,以及一種感傷的心。」

當下的我,對堪布就興起相同的感覺。

等兩位師姐和四位喇嘛進來的時間,我用手電筒環照,洞內約可站十來人,空間由外往裡縮,一塊天然石塊橫擋在窄處,正好作為供桌,上面有佛像、念珠及哈達等,堪布說貝瑪貴的修行者每年都會輪流於此閉關幾天或幾週。

所有人都進來後,邊讚賞邊忙著照相,然後聽到驚呼聲:

「哇,相片裡都是法輪、曼達拉!」

大家傳看相機,驚歎連連。你一言我一語,洞中有回音,吵雜得很,我提議誦〈蓮師七句祈請文〉。

於是,大家關掉手電筒,在堪布領導下合十輕誦,終於靜下來了,在黑暗與寂靜中,只有祈請文藏音輕揚,收攝眼耳六根,心念合一,感受到無比的殊勝。

我忍不住以手輕輕撫觸凹凸不平的洞壁,緩緩深呼吸直入丹田,這是蓮花生大師修行過的山洞,我在沁涼的空氣中尋找蓮師的氣息,撫摸著蓮師可能撫摸過的壁面,踩踏在蓮師踩踏過的土地,摯愛的根本上師,祈請您賜予加持~

嗡啊吽,班雜咕嚕貝瑪悉地吽!

大伏藏師傳奇

貝瑪仁增仁波切的家，群眾最左一人為仁波切母親。

大隊人馬在細雨中走了一個半小時才朝聖一圈得威果札，圓滿後，下午三點返抵瑪哈果札，穿過村落往山坡爬，瑪哈果札寺位在坡頂，今晚要住宿貝瑪仁增仁波切的家，位在廟旁。

雨越來越大，脫掉溼漉漉的鞋襪，赫然發現又被螞蝗光顧了，傷口鮮血未乾。進到屋內，看到一座立式火爐，身心頓然溫暖，大伙兒圍坐在火爐四周取暖，順便把溼衣服烤乾。

陸續進來一群村民，向堪布請法馬頭明王灌頂，堪布由仁波切引導進入裡間佛堂修法，佛堂擠滿人後，其餘坐在有火爐的這間，男女老少還有嬰兒、小孩，十分熱鬧。

仁波切的母親熱情地穿梭全場招呼，幫每人倒「羌」，客人只要喝掉一些，她立刻又斟滿。看那些村民一口接一口喝，好像喝白開水似的，我嚐了一小口，發現比之前喝過的都強，不敢再喝，但仁波切母親知道我會講一些藏語後，坐到我身旁不斷跟我講話、勸酒。

我和仁波切母親挺投緣，互稱「阿媽喇」（藏人對媽媽級女性的尊稱），她的祖父就是著名的札昂林巴伏藏師。誕生於青海省囊謙縣，係蓮師弟子阿札薩利的轉世，從小就有許多稀有徵兆，能看到蓮師與諸佛

村民獻哈達迎接堪布

現前；後依止大成就者措尼金剛持爲上師，前後取出了伏藏法本共25品，現今其伏藏法要仍然是貝瑪貴眾多瑜伽行者的重要修持法門。

一般而言，取出伏藏法的方式分爲祕密取藏和市集取藏。祕密取藏是在無人時取出；市集取藏則是在群眾面前公然取出。札昂林巴的許多伏藏法都是在眾目睽睽下取出，因此大眾對他的成就深信不疑。當時藏東波密王朝國王也因仰慕他的成就，奉他爲國師。

札昂林巴的上師措尼金剛持臨終時，告訴他：

「將來你可能會因爲突然情況而前往貝瑪貴；如果你到達貝瑪貴，就可值遇伏藏法發揚光大的因緣。」

事隔幾年，札昂林巴於光明定境，一位穿紅袍騎紅馬的將軍現前：

「我是貝瑪貴的護法阿波多傑札鎭，蓮師授記你是我們貝瑪貴的主人，我是來迎接你回去的，請你趕快準備動身，我會在路上迎接你。」說完便消失無蹤。

札昂林巴心想：「我應該儘速啓程前往貝瑪貴！」

當他把這件事告訴弟子和信眾後，大家都不願他離開青海前去遙遠之地，極力挽留，但札昂林巴表示不該違背蓮師的指示，他命令幾位資

深弟子留下來指導其他弟子繼續修行，然後帶著幾位弟子出發。由於貝瑪貴屬於波密王朝領土，所以他前往貝瑪貴定居並沒有遭遇任何阻礙。

當時從瑪哈果札步行至印度邊境需二十多天，步行到西藏約需一個月，路途遙遠，由於得到波密王的鼎力贊助，使得興建寺廟所需的物資和佛像、經典、佛塔等，都能夠順利搬運，男女僧俗二眾共同墾荒並興建瑪哈果札寺，講修教法，曾有千餘名僧眾齊聚的盛況。

札昂林巴在瑪哈果札圓寂後，長子次子也相繼過世，只餘么子，陸續變賣珍貴的佛教寶物給附近山區的阿尼嘎瑪寺，那時貝瑪仁增仁波切的父親昆桑冉姜正在該寺修行，是位對密咒修持非常具有力量的瑜伽士。之後么子夫婦相隔一、兩年也過世了，只剩下女兒（即貝瑪仁增仁波切的母親）一人，姨母憐憫她的處境，將她帶到阿尼嘎瑪寺安頓，後來和昆桑冉姜瑜伽士結為連理，16歲時生下貝瑪仁增仁波切。

貝瑪仁增仁波切年幼時就被認為是札昂林巴的轉世，但昆桑冉姜是位通達善妙緣起的咒士，考慮到札昂林巴的前一次轉世13歲就夭折，加上仁波切母親整個家族大部分都在37歲左右死亡，因此決定在他未脫離37歲厄劫前不舉辦任何昇座儀式，只進行轉世祖古應有的學習。

仁波切滿37歲時，父親圓寂，臨終前表示他沒有任何痛苦，發願帶走眾生的痛苦障礙，也發願帶走兒女們的障礙違緣，然後安詳坐化。

就在那一年，徹令堪布向仁波切表示：「此時應當確立名位較為適當，如此利生事業才能更加廣大。」於是主動向貝諾法王請求賜予認證書函，然後舉行昇座儀式，向貝瑪貴地區民眾宣佈仁波切繼承札昂林巴轉世祖古法位。

從仁波切家窗口可以看到莊嚴嶄新的瑪哈果札寺，這是仁波切在台灣信眾與施主的護持下，於2000年動工，2006年修復完成的，共有三層，當時是仰桑貝瑪貴首座莊嚴結構的寺廟，建造過程備極艱辛，所有建材都由外地先運到土亭，再由人力扛負，快則一天慢則兩天的時間徒步運抵瑪哈果札。

晚上我們三人睡在火爐四周，夜雨不停，隔晨五點半聽到阿媽喇誦經聲，我也起來作早課。不久看到廚房生了火，便提著未乾的登山鞋進去烤火，仁波切弟弟和弟媳正在方型大爐灶生火準備早餐，一看到我，又拿矮凳又倒酥油茶，讓我很不好意思。

索南喇嘛走進廚房，問有沒有甜奶茶？仁波切弟媳回答只有酥油

茶，當她知道是另兩位女賓客想喝，立刻說：「等一下，我馬上做。」

等待時，索南喇嘛在我身旁坐下聊天，幾天來大伙兒相處得更熟了，還在寺院時，三位喇嘛侍者有時叫我藏名袞秋拉嫫，有時叫我阿佳喇（藏人對已婚女性的尊稱，類似大姐）。有一次和年紀最小才18歲的桑傑喇嘛聊天，當他知道我兩個小孩年紀都比他大後，改稱我阿媽喇，其他兩位喇嘛侍者也跟著改口。

兩人閒聊幾句後，索南喇嘛對我說：

「阿媽喇，你的法本借我看。」

我拿出自製的隨身法本，中藏對照，他翻到一頁，指著藏文的「精進」問：

「這個字的中國話怎麼說？」

「精－進－」我放慢速度唸給他聽。

「阿媽喇，你很精－進－，You are so hard work.」

「呵，你怎麼知道我很精進？」聽到他藏語加國語加英語，我笑了。

他說他有看到我清晨很早就在作早課。

「因為我年紀很大，不努力不行，你們年紀輕，還可以慢慢來。」

「阿媽喇，你今年幾歲？」

「你猜！」

「40歲。」

我搖頭，他往上加，我又搖頭，他再加……，加到後來終於對了。

「56歲！比我媽媽還多好多好多歲！」

接著又問：「為什麼你看起來很年輕？」

「運動啊，還有學佛修心，少了煩惱，多了智慧，就顯得年輕了。」

「那我以後年紀很大很老時，也會看起來很年輕囉！」

說完，我們兩個都大笑，仁波切正好走進來，好奇地用國語問我：

「他會說中文嗎？你們怎麼溝通？」

「他不會中文，但我學過藏文，他學過英文，我們就藏語加英語加

從仁波切家窗戶望向瑪哈果札寺

比手畫腳，就可以聊天了。」

「原來如此，看你們有說有笑很開心，我還以為他懂中文呢！」

甜茶煮好了，索南喇嘛端去給兩位師姐。仁波切倒了茶，站在窗邊喝，我端著茶走到他身旁，聊他寫的書《世界心精華寶》，也聊他到台灣弘法的過程，最後我問：

「我們三個人應該是第一批進來仰桑貝瑪貴的台灣人吧？」

「不，幾年前我有幾位台灣弟子來過，不過他們只到瑪哈果札和得威果札，沒去札西崗。」

我心裡想著：「朝聖神山聖湖可要趕緊行動，希望能拔下頭彩！」

大伏藏師傳奇　　177

白雲之巔

今天路程不長，在瑪哈果札享用豐富早餐後，又流連了許久才出發，半途，一位藏族老者現身攔截，邀請堪布前往他家加持灑淨，堪布告訴我們這人是他的遠房親戚，隨老者離開主路，切下山坡，這才看清有幾戶人家藏身在凹谷裡。

加持灑淨後，繼續上路，今天目標是堪布老家白雲巔村。這名字真是詩情畫意，雖然藏語的意思是指山頂平台，我依然自己依照音譯把它想像成「白雲之巔」，腦中還浮現宮崎駿的動畫卡通「天空之城」。

半路，我問堪布：

「堪布，您上回回來是什麼時候？很久了嗎？」

「我十八年沒回來了。」堪布用平靜的聲調回答，嘴角帶著淡淡一抹微笑。

「啊！」我聽了有點意外。

堪布說他父母親很早就往生了，他在南卓林佛學院九年取得堪布學位後，留在佛學院教學十多年，接著貝諾法王派遣他到尼泊爾和中國西康佛學院各三年，又指示他到各國去和眾生結緣，最後落足台灣，因此，長期以來都在外地奔波。

抵達村子的最後一段路離開主路爬坡，路陡又泥濘積水，不太好

途中暫歇，左為堪布侍者噶丹喇嘛，最右為不丹畫師。

白雲巔寺廟

走，兩位師姐走得很慢，堪布見我體力不錯，便要我和不丹畫師先行。

　　不丹畫師是寺廟特地從不丹聘請來畫壁畫的，個子不高卻身強體壯，幫忙揹了好些東西。這兩天我走在他後面，見他把布鞋當拖鞋穿，走在泥濘的爛泥巴路如履平地，明明看他像是要滑倒了，卻又瞬間快速往前移動，三步併作兩步，最後都平安無事。

　　我低頭看到他捲高褲管下裸露的腳跟，有一排咬痕整齊排列，通常螞蝗咬不會這麼整齊，應該是跳蚤的傑作，不知是在哪裡被咬的？

　　連續爬坡我有點喘，他卻持續哼著歌，一副輕鬆模樣，令人想起他的國家不丹，那個世界上快樂指數最高的山中小國。

　　陡坡走完後，大片開闊的台地出現在眼前，相較其它與山坡爭地的村落，擁有平坦台地的白雲巔村民簡直是奢華大戶，分散的每戶人家都有大庭院，種植著各式花草樹木。有幾匹馬在住家間空地悠閒吃草，我以為是養來騎的，後來才知道都是野馬，自由在村裡來來去去，沒人會抓，真是野馬的天堂。

堪布故鄉白雲巔

　　二、三十位藏民及瑜伽士在村中寺廟前空地等候，比起札西崗和瑪哈果札，這間寺廟雖然只有一層，不過大多了，四周還有長排瑪尼轉經筒。進入寺內，堪布帶領修法。由於這裡是達娃祖古的故鄉，他一生推廣佛法，村裡出家僧不少，這會兒都回來過年，瑜伽士人數更多，修法時法號鑼鼓喧天，聲勢鼎盛。

　　修完法，僧眾排隊依序向堪布獻哈達，堪布回贈以甘露丸及結緣小飾品，這時轉世的小達娃祖古現身，平日他在南印度寺廟學習，特地返鄉參加開光慶典，他是台北中心大札西喇嘛姐姐的小孩，而達娃祖古是大札西喇嘛的外祖父。外祖父轉世變外甥，難怪大札西喇嘛和小達娃祖古特別親密。

　　今晚預定住大札西喇嘛家，見到他父親，有點面熟，介紹後才知道是堪布的哥哥，之前我還不知大札西喇嘛是堪布的姪子呢。

　　貝瑪貴人人尊敬的達娃祖古係從西藏貝瑪貴遷移至仰桑貝瑪貴，堪布不僅皈依敦珠法王，也在達娃祖古尊前接受四加行的傳授。敦珠法王

因政治因素遷離貝瑪貴，但對這個聖地特別重視，一直護念著聖地弘法利生的事業，指示弟子、祖古、伏藏師等多人一定要住在這裡，把佛教推廣開來。當達娃祖古因為這裡物資缺乏、設備不完善而動念想搬到大城市，以開展弘法事業時，敦珠法王知道了，立刻親自寫信給達娃祖古：

「你不必遷離，如果你能駐守在極密貝瑪貴，興建寺院及閉關房，對佛教及眾生都會有很大的助益。」

達娃祖古依著上師指示，不畏辛勞地建設一座寺院和幾間閉關房，

供奉在寺廟裡的達娃祖古法照，戴著我們在由東村看到的那頂法帽。

外祖父變外甥，大札西喇嘛和小達娃祖古關係特殊。

之後因緣不俱足而停擺，在他行將圓寂前，召集了堪布及其他弟子：

「我遵循敦珠法王教言，將此生奉獻給極密聖境貝瑪貴，但建造寺院及成立僧團等事業到現在還未完成，以後你們要接續我的遺志。」

1997年，達娃祖古圓寂，留下遺囑：

「利益貝瑪貴教法與眾生之責，要由堪布徹令多傑承擔起。」

堪布是貝瑪貴子弟中，首位在寧瑪派貝諾法王座下接受完整佛學教育的堪布，也是戒臘（受具足戒以後之年數）最高者，因此建設家鄉的任務責無旁貸。

由於這樣的緣起，今日我們才有機會來到極密貝瑪貴。

今天是幾天以來最冷的一天，我將多功能手錶拿到室外測量，只有11度，入夜想必更冷。這裡海拔只有一千多，沒有札西崗和瑪哈果札高，卻比這兩地還冷，不知是否因為台地四周空曠，冷風長驅直

一夥人圍在廚房火爐旁度過午後時光，男眾從左至右為索南喇嘛、噶丹喇嘛、堪布兄長及吉美喇嘛。（桑傑喇嘛攝）

入的緣故？

午後時間長，大家圍坐火爐旁和堪布聊天，終於弄清楚貝瑪貴的居民共有三類，珞巴人和門巴人——最早居住在此的原住民；羌那人——幾百年前移居來此的藏族人，有時也會被稱為藏族的原住民；康巴人——中共入藏前後才從藏東康區遷移來的藏東人。其中，羌那和康巴雖同屬藏族，但語言略有出入。

後來聊到，半年間走了不丹喇嘛及嘎瑪喇嘛舅舅的女兒，死亡無常，我向堪布表示自己年過半百，很需要對死亡預作準備，請求堪布灌頂傳授有關教法。堪布說因為法本還沒翻譯好，預定下半年會傳法，包括「頗哇法」和「中陰文武百尊」❶。

黃昏，堪布回房休息，外面吹起法號，不知是何作用？問了大札西喇嘛，原來是告知全村「上師要休息了，不要喧嘩，不要打擾上師」。

四位喇嘛和我們三人繼續烤火，天南地北閒扯，索南喇嘛對學中文很有興趣，由國語發音標準的貝瑪逐句教學，幾位喇嘛也跟著學，趣味橫生。

---

❶「頗哇法」是死亡時將神識遷往極樂淨土的一種修持方法。「中陰文武百尊」即「中陰度亡法」，包含諸佛、菩薩、空行、護法等，共有42寂靜尊加58忿怒尊，總稱為文武百尊，在中陰階段的七七四十九天中會逐一出現。

黃金鋪地

堪布和小達娃祖古於瑜伽士修行中心

清晨雨霧中，由小達娃祖古陪同，堪布前往瑜伽士修行中心及寺廟修法。

告別村子後，一路下坡，沒多遠經過一間破舊小木屋，堪布說他曾在這裡閉關過。再走約半小時，來到一個面向山谷的小村落，大老遠便聽到阿佳喇優美的歌聲，從山坡下望，一群村民手持哈達背襯著山谷中翻湧升騰的雲霧，等待迎接堪布，歌聲渺遠，如天女散花般在雨中灑落，此情此景，令人情緒激昂。

堪布帶領喇嘛們在小寺院修法，村民喜孜孜參與，圓滿後，再度以歌聲歡送我們。繼續前行，堪布腳程很快，我陪他走在最前面，我問：

「堪布，再來這村子叫什麼名字？您也要在村中寺廟修法嗎？」

「這村子叫嗯吝（Nyereng），沒有寺廟，之前沒錢蓋，但是他們很想蓋，現在蓋廟的地已經有了，是屬於全村的公地，再來就是設法籌錢。」堪布以有點遺憾的語氣繼續說：「我答應要贊助他們十萬，不過目前只有五萬。」

我知道前陣子我們寺廟完工最後階段，經費也是捉襟見肘。

「那怎麼辦？」

「慢慢再想辦法，一定沒問題的！」

走約一小時，依山坡而建的小村落在眼前出現，村民恭敬彎腰站在村口迎接堪布，我留在最後面拍照，大家被迎進一戶人家，雨小了些，青山綠野中，一棟棟簡陋的竹屋建在高低凹凸不平的坡地上，地面泥濘不堪，有些髒亂，但卻不損他們對佛法的渴望與虔誠之心。

我想到堪布的慈悲，這些年來，他為籌錢蓋菩提昌盛寺已經嘔心瀝血了，還慨允贊助十萬，他那全心全意只為推廣佛法、利益眾生的悲心，真是無人能比。想到這，我頓時熱血沸騰，快速計算了這回帶來的錢，作了一個決定。

入屋後，我們被招待坐在椅上，幾個村民拜見堪布後席地而坐，要和堪布商量蓋廟的事。趁大家還未完全坐定，我彎身走到堪布身旁，壓低聲音問：

「堪布，您剛說要贊助他們蓋寺廟還缺五萬，是盧布還是台幣？」

「盧布。」

「我這回帶來的美金，還有一千多，換算盧布，剛好夠五萬，就由我來供養，回到寺廟後我把錢拿給您。」

「你們回程還會用到錢，你錢夠嗎？」慈悲的堪布總是設想周到。

「夠，我有留一些，我不買東西不會花多少錢。」

堪布握住我的雙手，連說兩聲：「阿彌陀佛！阿彌陀佛！」

返身坐回自己座位，我感受到一種前所未有的輕安，一種幸福感，原來盡己之力幫助人、與眾生結法緣，是這樣的令人滿心歡喜啊！雖然，給出去後我就變得空無所有，但內心卻洋溢滿足，覺得自己是全世

離開白雲巔，來到一個雲霧中的小山村。

界最富有的人。

　　《增一阿含經》中被佛陀譽為「布施第一」的「須達」，是兩千五百多年前的古印度舍衛國首富，為人樂善好施，遇到孤苦飢寒的人，竭盡所能給予濟助，大家尊稱他為「給孤獨長者」。他一生布施無量，其中有七次大布施，布施完後家貧如洗，之後又神奇地轉貧為富。

村民以歌聲歡迎堪布前來寺廟中修法

　　最為人津津樂道的一次布施就是「黃金鋪地」為佛陀建造講經說法的精舍。當時舍衛國城外有座種滿奇花異樹、林木蔥鬱的美麗林園，為太子祇陀所有，給孤獨長者想買下，興建精舍供佛陀講經說法。他懇請太子賣給他，但那是太子最鍾愛的林園，太子捨不得，於是戲言需用黃金鋪地為代價，以此刁難，想令他知難而退。沒想到長者一口答應，立刻回家變賣家產換成黃金，鋪滿園林地面。祇陀太子深受其虔誠心感動，答應賣出，並將園中所有樹木供養給佛陀。為紀念他們兩人的布施行誼，於是大家以兩人之名合稱這座林園為「祇樹給孤獨園」。

　　在給孤獨長者心目中，任何財富都比不上佛陀所說的真理，財富無法永遠相隨，隨時可能會失去，只有佛法是真實不虛，可以利益眾生。

　　和給孤獨長者比起來，我只是渺小的一點點小布施，但也體會到了如他一般「黃金鋪地」為佛陀蓋講經傳法精舍的廣大喜悅。

　　佛經開示，菩薩有十種淨施，最高境界是「三輪體空」，也就是說施者、受者、施物三者平等，清淨如虛空，沒有分別；但如我凡夫，還

堪布隨 Nyereng 村民前往建寺預定地灑淨加持

是忍不住內心充滿喜悅，並為村民高興萬分，他們的願望能實現了。

佛教提倡布施，在財施、法施和無畏施中，以法施的功德最大。法施，就是把佛法的道理介紹給別人知道。佛經中每每提及，布施眾生金銀財寶，還不如布施眾生佛法功德來得大，因為你布施所有眾生財富，雖然可以讓他們一時免除飢餓寒冷之苦，但終有用盡之時；如果你布施他佛法，他聽後若能覺悟，依法修行，很有可能證果證道，很有可能了生死，出離三界，這個功德是財布施無法比的。

幫助蓋寺廟，使佛法得以有宣說弘揚的處所，使村民平日共修有個去處，心靈得以有所寄託而心安平安，這也說得上是一種法布施吧！

隨後，村民分持香爐及寶瓶水，帶領堪布前往寺廟預定地加持灑淨。爬上村落後山坡，來到一塊不小的草坡地，居高臨下，整個村子幾乎一覽無遺，在堪布誦經聲及裊裊煙香中，我彷彿看到不久的將來，這裡有座寺廟安立，護佑著小村子裡的每一個眾生。

聯歡夜，佩解脫

村民聚會所內，珞巴族婦女表演歌舞迎賓。

離開小山村，走了一陣子，看到法會上經常領誦的桑傑仁波切、堪布姪女的先生嘎爾瑪甲千和幾位喇嘛在路旁草棚等候。他們揹了很多禮物來，原來是要送給我們今晚住宿的 Kuging 村珞巴族原住民。

離開正路，又是長段上坡，休息時，貝瑪說她腳痛走得慢，不停了，先慢慢往上走。堪布答應，使個眼色要一位喇嘛跟在她後面，並小聲用中、藏語說：「這幾天貝瑪都走最後一名，我們休息，大家先不要走，讓她當第一名，高興一下！」堪布邊說邊自己忍禁不住笑出來，大家聽後也都笑了，真是細心又為人設想的上師！

爬到坡頂，下午三點多，這是仰桑貝瑪貴內最大的珞巴族村落，大多穿著傳統服飾的珞巴族村民列隊熱情歡迎堪布，帶路引進村民聚會所，空蕩蕩的長型屋裡左右各有一個火堆，一側擺了幾張桌椅，堪布和桑傑仁波切被迎上正中間大位，前面桌上還擺了花，很是慎重。就座後，有原住民對堪布三頂禮，顯然近年來寺廟不斷引導原住民信仰佛法的努力，已逐漸開花結果。這回堪布特地安排前來關懷村民，也是為了和更多村民建立友善關係，種下他們以後接近佛法、學習佛法的因緣。

一道又一道的原住民食物陸續送上桌，每道都用樹葉包裹著，因為

沒電，屋內有點暗，只有火光微弱照明，實在看不出來是什麼食物，問桑傑喇嘛，說是米飯、肉、菜之類，吃了一口，又辣又鹹。

　　幾位姑娘手持酒壺不斷勸酒，屋內另一側席地而坐的眾多村民，除了小孩，人手一杯，一飲而盡，再倒滿又一飲而盡，真是海量。

　　酒足飯飽，堪布發給每人一份金剛繩項鍊結緣後，由一位婦女領頭表演歌舞。婦女左手持小動物獸皮，右手持會發出清脆聲響的木製樂器，上下搖動當作伴奏。以她為首，身後一群婦女隨著她的歌聲回應，她唱一句，其他人重複唱一句，再搭配簡單的舞步往前呈圓圈移動。我們每個人都受邀一起共舞。

　　接著換成賓客帶領唱跳，堪布叫吉美喇嘛上場。前幾天，吉美喇嘛比較安靜，看不出來他的個性，沒想到一上場，活潑舞動，撼動全場，我們三人大開眼界。他站在圓圈首位領頭唱跳，康巴人的豪邁立顯，歌聲似穿越雲霄，又像在山間迴旋，讓我有回到西藏東部康巴村落的錯覺，現場氣氛立即火熱。接著輪到今日在村中等我們的踏爾巴喇嘛，他是珞巴族，領眾唱跳又呈現另一種風味。

　　最後輪到我們三位，這是有史以來第一回台灣人來訪，在村民熱情催促下，我們推辭不掉，只好硬著頭皮上場。吉美比較厲害，表演一段看來很難的現代熱舞，贏得滿堂彩；貝瑪唱一首抒情英文歌，我唱一

告別時，村民紛紛和堪布合影留念。

首歡樂兒歌，雖然村民都不吝惜給出掌聲，但堪布私下半開玩笑跟我們說：「哎呀，你們三人真丟臉，是要帶動大家一起唱跳同樂的啊！」

呵，事先哪想得到，來這偏遠的喜馬拉雅山區，還會有機會帶唱跳？不然就會先惡補一番了。

跳舞歌唱直到九點結束，回到住宿的村民家，有幾位比較親近佛法的村民來和堪布聊天，大夥圍著火爐，又是人手一杯「羌」。吉美和貝瑪先回隔壁房間準備就寢，忽然傳來她們的尖叫聲，所有人都被嚇到，衝到隔壁房間一看，原來我們三人要住的裡間草蓆上，躺著一隻被貓咬得血淋淋的老鼠。屋主清乾淨後，兩人堅持不睡裡間，最後只好和原定睡外間的喇嘛們互換。

堪布事先就一直跟我們「心理建設」，今晚住宿環境比較差，經過老鼠事件後，兩位師姐捕風捉影，疑神疑鬼，弄得我也有點緊張。外間不像裡間小而隱密，有三個門通往不同處，躺下後屋主還走進走出。我睡在靠牆窗下，木板牆有細隙，窗戶只有布簾遮掩，風吹過就掀動，我睡得不太安穩，好不容易入睡，又被高聲啼叫的公雞給吵醒，看看錶，天啊，才三點半，這隻公雞是患了失眠症嗎？

隔天早晨，晨曦中的村落景觀一眼望去美得出塵，但低頭看到地面，垃圾和動物糞便散雜，骯髒不堪，相較起來，藏民村子乾淨多了。

隨堪布訪視三戶護持寺廟的原住民家，發現60歲以上的珞巴老人都會說藏語，聽說是因為以前原住民和藏族關係親近，如今年輕人都改以印度話溝通。

離開時，大批村民來送行，堪布一一握手告別。往村外走，一位藏民揹著大袋東西走進村來，啊，這不是送我金剛鈴杵（修法的一種法器）的那人嗎？他看到堪布很歡喜，立刻放下行李問候堪布，原來他也是白雲巔人，路過這裡要回家。

前幾天，在寺廟旁空地，他叫住我，快速說了一串藏語，我只聽懂好像是要給我什麼東西。接著法會開始，我注意到他坐在藏民群中。

休息時，我和貝瑪繞著寺廟轉，他迎著我走過來，手裡拿著一對金剛鈴杵，走到我面前，把鈴杵遞給我，嘰哩呱啦又是一串藏語，我請他說慢點，這才聽懂了，是說這東西很小，但卻很古老，聲音很好聽，要送我，修法時可以用。

我感到很意外，用藏語問：「為什麼要送我？」

他回答的我又聽不懂了，往四周瞧，想找懂中文的幾個喇嘛，卻一個也沒看到，只瞧見桑傑喇嘛，趕緊喊他，請他確認老人眞的要把鈴杵送給我嗎？沒錯，再請他問爲什麼要送我？看他用藏語、印度語問了半天，也是搞不清怎麼回事。桑傑喇嘛是珞巴族，幾年前才出家，藏語大概只比我好一些，他因爲有事要忙，急著離開，只丟下一句：

「阿媽喇，他眞的要送你，你收下，沒關係！」

於是歡喜收下，並立刻跑回寮房拿金箔佛像法照及小瑪尼輪吊飾回送，他一聽說是從西藏拉薩帶回，並在大昭寺祈福過，笑逐顏開，拿著佛像法照直往額頭摩頂。

沒想到在這裡相逢，彼此都很歡喜，我向他問候，他也熱情回應。分手後，我向堪布說：

「堪布，他之前送我一對古老的金剛鈴杵，他是瑜伽士嗎？」

「不是瑜伽士，但有在修行，他人很好，心地很善良，不會貪。」

心不貪著，所以能大方無私的和別人分享自己的寶貝，但我仍然想

堪布形容「心地很善良，不會貪」的老者，手中拿著要送我的金剛鈴杵。

不通，爲何他要送我不送別人？唯一想得到的原因可能是他看到我天天在寺廟前作大禮拜，覺得這個來自遠方的台灣阿媽喇還算精進，所以跟我結緣吧！

一路下坡，回接來時路後，再左切下坡，穿過茂密雜木林前往仰桑河畔，朝聖自然形成的「佩解脫石」聖跡，堪布說共有大、中、小三處，但大的很遠，我們只朝聖中、小「佩解脫石」。

什麼是「佩解脫」呢？藏傳佛教有六種「不修而得解脫」的教授：第一種「見解脫」，見到聖物及聖者、大師而得到解脫；第二種「聞解脫」，臨終時聽聞《西藏度亡經》教法而得到解脫；第三種「嚐解脫」，大師加持過的大悲水、甘露水、甘露丸，嚐後得到解脫；第四種「觸解脫」，碰觸聖物、舍利子、佛像等而得到解脫；第五種「佩解

脫」，佩帶咒語、佛像、上師
所加持過的法物而得到解脫；
第六種「憶解脫」，憶佛念佛
而得到解脫。

當然，這是針對因緣俱
足、心相續成熟的人而言，一
旦見、聞、嚐、觸、佩、憶，
有如瓜熟蒂落，當下開悟見
性，即得解脫。而一般人當然
無法立刻解脫，不過由於這些
都是聖物，只要能見到摸到，
也都能提升信念，轉化心性。

在我們寺廟的二樓就有一
間「見解脫室」，收藏有諸佛
菩薩及大持明者的法體、法
像、法袍、法器；如米粒般大
小的舍利子；還有部分見解
脫、觸解脫等伏藏物……，每
樣都是極為珍貴的聖物。

旅程快到終點，雅魯藏布
江吊橋就在前方，貝瑪膝蓋疼
痛，我陪她在最後面慢慢走，
吉美喇嘛也陪著我們，昨晚知
道他有副好歌喉，我和貝瑪都
希望再聽他唱歌，他客氣推
託，我說：

中「佩解脫石」聖跡，石上紋路全是天然形成。

湍急的仰桑河，許多石頭都很特別，立者左二為
經常領誦的桑傑仁波切。

「貝瑪腳很痛，聽你的歌聲她就會忘記痛，才能繼續走。」

他相信了，清清喉嚨開始唱，一首間奏有「嗡瑪尼唄美吽」的歌，
在空曠的山野中，與流水聲、風聲一起迴盪，宛如觀音菩薩就在身旁圍
繞。貝瑪說她的腳真的比較不痛了，我翻成藏語後，看到吉美喇嘛臉上
一抹純真、善良的笑容盪漾開來！

今天不是讀書天

伙伕團小喇嘛先搭卡車出發

寺廟系列開光法會期間，全體喇嘛特別忙碌，非常辛苦，今天放假一天，前往鄰近卡普村的雅魯藏布江郊遊，因為只有那段流域有一大片寬廣的沙地及林蔭，可以供大群小喇嘛盡情跑跳。

一大早小喇嘛就準備好了，在僧寮前面空地嬉鬧著等候出發，我看到站在一旁安靜的小索南喇嘛，嶄新僧服，穿新鞋，圍著新圍巾，雙手插在口袋，一腳斜斜站著，很酷的模樣。

他穿的是堪布發給所有喇嘛的新年禮物，每人一套新僧服，小喇嘛們加發一頂新毛帽及圍巾。為了可以多穿幾年，給小喇嘛的僧服尺寸都故意大幾號，再將過長的衣袖反折。

不久，開來一輛大卡車，小喇嘛圍著卡車嘰嘰喳喳，我問：

「是要搭這輛卡車去嗎？」

每個都興奮地猛點頭，因為人數太多，分成兩批，年紀較大的小喇嘛先出發。看他們帶著鍋碗瓢盤，有幾個還穿著伙伕圍裙，我問：

「這是要準備午餐用的嗎？」

Gelling 村寺廟有尊少見的蓮師忿怒像　堪布由炯雅祖古陪同，要為 Norbuling 村即將興建的新寺廟灑淨。

　　他們點頭，說了聲「待會兒見」後，卡車開走了。

　　我和貝瑪看到搭卡車頗有意思，便對堪布說不想搭吉普車，要和小喇嘛一起搭卡車。堪布笑著說：

　　「路不好，搭卡車很顛，風大，太陽又曬，你們確定要搭卡車？」

　　我們點頭。一會兒後，卡車回來載剩下的人，我和貝瑪夾在小小喇嘛群中爬上卡車，桑顛老師負責帶領，指揮大家蹲坐比較安全，並叮嚀站在靠前面車廂的幾個小喇嘛手要抓緊。全車上的每一個人都快樂得跟小鳥似的，貝瑪和我感染他們的興奮，也跟著笑得合不攏嘴。徹令汪秋帶了歌本，翻來翻去找歌給大家唱，卡車顛簸中，車廂內的人歪過來倒過去，笑聲伴著歌聲打破寂靜的山林。

　　坐著看不到兩旁風景，我站了起來，一站高，才發現山風真的很大，趕緊扣緊風衣帽子。這條往北的路我認得，昨天就是隨堪布走這條路前往二十五公里外的給林村（Gelling）和諾布林村（Norbuling），與炯雅祖古會合，在廟裡作山淨煙供及幫即將興建的新寺廟地基灑淨。

　　今日小喇嘛要去郊遊的卡普村（Kapu），昨天我們也經過了，原本堪布沒安排拜訪該村，但早上開車經過時，有村民看到，返程時，路旁衝出來一位我們寺廟的喇嘛攔車，卡普村是他的老家，他向堪布獻哈達並邀請堪布到村中寺院為村民開示。盛情難卻，堪布下車，走向山坡下

Kapu村小寺廟

的村落，在暮色漸濃中，小小寺院內擠了三十多名藏民，席地而坐，聆聽堪布開示，顯露了偏遠地區村民對佛法的渴望與虔誠。

站在卡車上，雖然搖晃得比較厲害，但視野很好，可以看到右下側的雅魯藏布江及遠方的青山。

下車後，沿著土路往江邊走，太陽炙熱，我脫下風衣外套，用手拿著，一直走在我身旁的小索南喇嘛，對我比劃要幫我拿外套，本想回答不用，看到他那清澈的眼神，有點期待的模樣，心想提供人幫助別人的機會，也是一種慈悲，便微笑著把外套遞給他，果然他笑得很開心。

然後，我看到他對待我外套的方式，感動到有點震驚。他不是「拿」外套，而是「捧」外套，兩隻小手臂向上彎曲，將我的外套橫放在臂彎上，邊走邊專注地望著手上的外套，彷彿那是珍寶似的呵護著。

他這專注的神情我可不陌生，看過兩回了，他跳金剛舞時，聽我的MP3佛曲時，都如是專注，帶著一種定靜。直到看到我舉起相機拍他，他才打破凝神，露出兩顆虎牙笑開了。

抵達溪邊，果然有大片沙地，靠山坡處還有大片林蔭，可以避開火球似的太陽。伙伕團早已在林中空地架爐生火，午餐都快好了，香氣四溢。

飯後，烈日炎炎，小喇嘛毫無畏懼，從林中找來一條長樹藤，玩起

小索南喇嘛「捧」著我的外套

拔河比賽，我和貝瑪也加入戰局，玩得人仰馬翻，輸的一方被拖著走，全倒在沙地上，乾脆突然放手，贏的一方也跟著全跌在沙地上，互相笑成一團。此外也有玩羽毛球、簡易棒球、跳水等，各得其樂。

玩得滿頭汗，我坐到一旁休息，望著一個個笑得樂不可支的小喇嘛，他們的快樂單純而龐大，老生常談的「知足常樂」，在他們身上最能真實呈現。

有幾個小喇嘛跳進水中游泳，想到之前有一天，小喇嘛跟我說他們要洗澡，我跟過去拍照，發現他們只洗頭和腳，我笑著問：

「身體不用洗啊？」

一個個回給我天真無邪的笑，搖頭。

看他們光著上身洗頭，連臉盆都不用，直接將頭伸到水龍頭下面，飛快搓洗，洗好也不用毛巾擦，只將頭左右搖晃，像洗過澡的小狗一樣甩掉水珠。

那天溫度只有十幾度，洗的過程，一個個開開心心地，笑聲不斷。

對照台灣都會的小孩，什麼都「過多」——資訊過多、擁有過多、選擇過多，同樣地，壓力也過多。若能單純一點，簡化一點，或許快樂便容易找到空隙進入。

玩到告一段落，堪布帶大家撿石頭。前天下午堪布帶我們三人前往雅魯藏布江畔，冬季才露出水面的「馬頭明王」聖跡，也撿了不少圖案別緻的大石頭回寺院作為擺飾。

端詳這些石頭，經年累月受溪水沖刷，奇形怪狀，各具特色，有些還埋在水裡一整個夏季，冬季才露出，每一顆石面上都刻劃著時空走過的痕跡。

在輪迴中流轉的生命，也類似這些石頭吧，生生世世都留下業力的記錄，來世想要如何過，今世就該如何栽，正是佛法所說的「欲知過去因，今生受者是；欲知來世果，今生作者是」；同理，下半輩子想要如何過，眼前當下就該如何栽！

在髒亂的印度街頭打浪

炯雅祖古唱誦經文充滿神奇魔力，散發修行人的能量。

今天要離開了，昨晚翻來覆去睡不著，拿出之前和貝瑪兩人幫炯雅祖古錄音的MP3聽。炯雅祖古 ❶ 是達娃祖古的兒子，曾長期在不丹閉關，目前致力於貝瑪貴好幾個村子寺廟的維修與興建，他的聲音充滿神奇魔力，每回聽他唱〈蓮師薈供文〉和〈供燈祈願文〉，都能感受到一股修行人的加持能量。

躺在床上，也想起下午隨堪布去勘察閉關房用地，兩位師姐聽說要爬坡走一小時，不想去，只有我和幾位喇嘛隨行，一路沒停，四十分鐘就走到了。先拜訪賣地給寺廟的珞巴族小村子，只有幾戶人家，發放餅乾糖果給小孩，和村人聊了一會兒後，轉往閉關房預定地，是一塊目前雜草叢生的崖邊地，視野遼闊，可以看到不遠處連綿的雪山，仰桑河往東深入，藍天、白雲、江流、山村相輝映，寧謐而安詳。負責設計及監造寺廟的壤卓祖古不斷和堪布談話，我聽不太懂，心裡卻明白，目前並沒經費動工興建，因為之前籌募的錢全投進寺廟的興建了。

依堪布計劃，第一期打算興建五十間瑜伽士閉關房，提供本地及外

❶ 2011年底來台，主持堪布於2012年3月新成立之台中弘法中心「貝瑪瑪尼顯密法林中心」。

壤卓祖古在閉關房預定地向堪布說明相關事宜

地的僧眾、瑜伽士及贊助寺廟興建的功德主，於聖地進行長、短期閉關修行。

好不容易入睡，卻頻作夢，夢中隨著堪布還在仰桑貝瑪貴山中一個又一個村落走來走去。半夜三點多醒來，再也睡不著，閉眼靜靜躺著，感受聖地最後一夜的寧謐。四點多起床作早課，行李整理好，然後前往大殿轉經作總結大迴向。

六點半在僧眾送行中離開，一路開快車，下午近六點趕抵巴隆。阿魯納恰爾邦分為十三區，巴隆是 West Siang 區最大的城市，住進一間貝瑪貴藏民新開的旅館，吉美重感冒，睡單人房，我和貝瑪睡雙人房。

兩人聊著各自所見少數師兄姐一些奇特的行為，後來她先洗澡，我翻看帶來的書《空行法教》，是蓮師親授空行母伊喜措嘉的教言合集，一翻開，幾行字躍入眼中：

你無法瞭解別人，除非你已證得般若，所以不要批評別人。
眾生皆具佛性，所以不要檢驗別人的過錯或迷妄。
不要檢驗別人的可能限度，而是要檢視自己能改變多少。
不要檢驗別人的缺點，而是檢視自身的缺點……

是蓮師適時給我的當頭棒喝嗎？當我們對別人品頭論足時，卻沒想到該檢討的或許是自己。我敬愛的蓮師，感謝您的即時警示。

貝瑪洗好澡，我把書一揚笑著對她說：

「我們兩人剛犯了蓮師說的戒，該自我檢討一下。」

貝瑪接過書一看，發出她那銀鈴般的輕快笑聲，點頭認同。

這就是我喜歡貝瑪的原因之一，心胸開闊，接受批評，勇於改過。她有一半泰雅族原住民血統，五官深邃，長相亮麗，但不喜歡成為焦點，總是隱藏自己，幾年來她持續護持堪布建設寺廟，是大功德主，卻

閉關房預定地前方面對雅魯藏布江和峰巒疊翠的仰桑河密境，圖中心偏右的灰白區塊即珞巴族 Nyaming 村。

為善不欲人知，謙虛自處。

　　和她由陌生到熟稔是在第一次同行時，於 Dibrugarh 等直昇機進貝瑪貴，我倆住同房，因為都去過西藏，聊得很投緣，談到彼此隨師貝瑪貴行的緣由時，她停頓了一下，然後說自己一半原因是為了年初往生的先生。我聽了頗感意外，一時不知如何接口，反倒是她平靜地打開記憶匣子述說。

　　原本是醫師的先生發現罹癌後，問她想去哪裡旅行？不知為何，她腦中出現雪域高原的景象，於是夫妻倆去了趟西藏。本來不是佛教徒的他們，初次聽到西藏僧人誦藏文佛經，淚水直流，很自然地雙手合掌跪下，彷彿找到了依託的力量，返台後因緣遇到堪布，開始修習佛法。

　　她說，陪著先生一路與癌共舞的那段日子，全然得不到夫家的支持，若非堪布及中心幾位喇嘛的強力關懷，她早就崩潰了。

　　說到學佛後，理論上雖然知道諸行無常，死亡是生命必然的結果，

但當境況臨到自己最親密的先生身上，還是無法面對。回憶到這裡，她低聲吶喊：

「到底佛法是要怎麼用啊？」

她泣不成聲，我擁住她的肩，也跟著流淚。她哽咽著繼續說，有一次她在高雄中心再度抑制不住心中悲傷，有點歇斯底里，大札西喇嘛（貝瑪貴達娃祖古外孫）大喊了一聲：

「你的心在哪裡？」

當頭棒喝，她刹時愣住，停止了哭泣，大札西喇嘛繼續說：

「貝瑪，你的心一直在撞牆壁啊！」

她明白他的意思，之後才逐漸接受親密愛人即將離世的殘酷事實。

也因此，她和兩個小孩與堪布及中心幾位喇嘛之間非常熟稔，發展出亦師亦友亦家人的情誼。堪布無數次說她和貝瑪貴很有緣，總是說：「你就是貝瑪貴人啊！」因此，她一直很嚮往貝瑪貴，也想在貝瑪貴聖地為先生修法迴向。

連續兩次同行貝瑪貴，我倆成為好友，無數夜晚我們靠在僧寮走廊欄杆聊天，對彼此和貝瑪貴緣起容易又自然，覺得惜福感恩，也為一些師兄姐違緣重，無法前來貝瑪貴而感慨祝福。

第二天抵達Dibrugarh，步行前往市集時，路旁到處都是一堆堆垃圾，髒亂不堪，需繞來繞去走，才能避免踩到。堪布指著髒亂笑著說：

「這個時候就需要『打浪』了。袞秋，打浪是什麼，知道嗎？」

我在心裡想：「堪布，您怎麼老愛考我啊！」一邊嘴裡喃喃唸著：

兩次同行貝瑪貴，我和貝瑪成為好友。

「打浪—打浪—，不知道什麼意思呢！」

「不知道?!」

堪布語氣有點意外，顯然這是一個重要又常用的詞句，而我竟然不知道。他用藏文快速拼讀一遍，我聽了似曾相識，但一緊張就是想不起來，再度搖頭。堪布笑笑，沒說話，也不解釋，逕自往前走。

我有點懊惱，感覺像是喪失機會無法博得父母歡心的小孩子似

的。我其實明白堪布的意思，但就是想不起來「打浪」這個詞中文怎麼翻譯。

去年獨自前往佛陀悟道聖地菩提伽耶時，每天從住宿的印度村落前往大覺塔，都要走過一段滿地垃圾、大小便、污穢不堪的土路，左右閃躲而行時，我總是告訴自己：「外在的一切顯現都不是實有；清淨和不清淨的根本，都是自己的心。」眼前面對同樣髒亂的外境，我想堪布的意思一定也是類似。

等回到旅館，打開存在手機內的藏漢大辭典查閱，「打浪」的意思是：「淨相，清淨現分。現見一切情器世間均是淨土，均是佛身佛智之所示現。」

哎呀，這個字張福成老師講過好多次了嘛，張老師都譯成「淨顯」，堪布講時，為什麼我就是腦中一片空白想不起來呢？

這也是佛經中經常提到的：

「自性淨，則一切淨；自性不淨，就一切不清淨。」

後記

同年7月堪布在台北閉關中心開示，再次提到「淨顯」的意義。

「……一切萬法都是純淨的，內心要具備這樣的想法，隨時隨地隨處都清淨所顯。凡夫階段，因為內心不清淨，產生許多妄念，眼睛看到的都是自己不喜歡、討厭的對境；耳朵聽到的也都是自己不喜歡、不好聽的聲音，這都是業力現前，業障很多，自己應該要好好想一想，這不是別人的緣故，而是因為自己內心煩惱力量強大、不清淨之故。

「此外，凡夫內心不思惟萬法的實相，總是思惟不好的方面。例如釋迦牟尼佛開悟的菩提伽耶金剛座，凡夫去時看見外圍環境污穢不堪，到處是乞丐，滿身臭氣沖天，千瘡百孔，看到供品全都過來搶，互相擠踏……，我們看到的都是不清淨的形象，主要是因為內心不清淨，所看到的也都不清淨。菩提伽耶金剛座諸佛菩薩非常多，他們安住在那裡，那他們會看到這些嗎？不會，因為他們內心清淨，看到的眾生都是男女菩薩的模樣。因此要知道，這是自己的毛病。大多數人的想法都認為自己沒有毛病，一切問題都是別人造成的，都是別人的錯誤，但其實是因為自己內心煩惱的力量非常嚴重之故。」

【第三篇】三入蓮花源

朝聖4000公尺神山聖湖

佛之淨土白馬崗

第二趟貝瑪貴行返台後，我對上師及修行的信心與虔誠無比增加，但有幾位師兄姐卻離開了中心，為什麼？堪布開示，「因為貝瑪貴的清淨會讓人業力現前」。

我揣想：或許有些人來貝瑪貴前，聽到太多有關聖地傳聞，期待能遇到奇蹟，結果沒有，所以就失望了；或許有些人之前不太面對自己內在生命負面的部分，到了貝瑪貴，因為貝瑪貴的清淨，一切清楚顯現，所以受不了而選擇逃避，因為逃避比留下來容易多了，留下來要面對問題、解決問題。

但是，逃得了一時，逃不了一世，人可以找到無數理由來支持自己逃避，卻忘了逃避就像駝鳥心態，是在自己騙自己。

寄了我年初甫出版的新書《旅行，聽見生命的回音》跟貝瑪、吉美結緣，沒幾天收到貝瑪發來簡訊：

「書已收到了，很感動，更謝謝你，我會祈請蓮師讓我初秋時可以再與你一同到貝瑪貴朝聖，祝福你的新書能與佛法有緣的眾生結下正知正見、強而有力的好緣份！」

「會想要今秋就去，是因為我真的很想寫書將貝瑪貴聖地及堪布的慈智行誼介紹給台灣民眾，以利弘法事業之推動。你趕快練體力吧，加油，願心有多大，力就有多大！」我回覆。

自己也從3月開始，每日誦〈蓮師七句祈請文〉二十一遍，然後祈請：「摯愛的根本上師蓮花生大師咕嚕仁波切，祈請加持、護佑弟子我袞秋拉媤和貝瑪卓瑪，今年2011年9月或10月順利圓滿朝聖印度貝瑪貴神山聖湖，護佑弟子我回來後能順利著書出版，推介貝瑪貴和堪布徹令多傑仁波切，讓寧瑪派白玉傳承教法在台灣更加廣傳，利益更多眾生，同霑法喜。嗡啊吽班雜咕嚕貝瑪悉地吽（七遍）。謹以此功德迴向給一切有情眾生，皆能離苦得樂，共證佛果。」

一日，朋友轉寄來彼岸一篇有關墨脫建水壩的最新報導，文中提到墨脫又名「白馬崗」，我反覆唸了幾遍，這白馬崗的發音和貝瑪貴藏語發音相近，顯然是由同一個藏語翻譯而成的。

之前上網搜尋「貝瑪貴」和「墨脫」，資料很少，主要都在介紹墨脫旅遊資訊，這回鍵入「白馬崗」三字重新搜尋，意外發現新資料。

相傳九世時，蓮師受吐蕃王赤松德贊之請，遍訪西藏尋找聖地，來到這裡發現此處如朵朵盛開的蓮花，有聖地之象，於是命名為「白馬

橫越雅魯藏布江的藤吊橋

緊臨中印邊境的 Gelling 村

崗」，於此修行弘法，在《甘珠爾》大藏經中就有「佛之淨土白馬崗，隱祕聖地最殊勝」的記載。

傳說這裡有吃不完的糧食，喝不盡的牛奶，虎骨、麝香、雪蓮、靈芝俯拾即是，山珍野味、各種水果應有盡有，還藏有打開通往極樂世界之門的金鑰匙……

根據記載，中國五十六個少數民族中的門巴族、珞巴族約在三百年前憑著勇氣及對美好生活的嚮往，千里迢迢前來白馬崗，雖然沒找到傳說中的極樂世界，卻發現這裡土地富饒，於是定居下來，他們稱這地方為「白隅欠布白馬崗」，意思是「隱藏著的像蓮花那樣的聖地」，並以民謠「上山到雲間，下山到河邊，說話聽的見，走路得一天」來形容這裡的地形。

傳說白馬崗是金剛亥母用自己的身軀幻化出來的，因此這裡的地形極像一幅女神仰臥圖。在堪布製作的那本介紹貝瑪貴和寺廟的書中，也敘述貝瑪貴的地形是仰臥的金剛亥母，右手高舉，作期剋印，即工布地區的布曲黃金佛殿；左手抓著青蛙和蛇，即波密的倉巴龍弄董曲喀瓦佛殿；臉朝天為嘉拉吉祥山；右乳為天鐵熾燃山（即南伽巴瓦山），左乳為大笑空行雪山；雙足橫跨巴絨、但須兩地。

相傳，西藏第八代吐蕃王止貢贊普與手下大臣比武被殺，禍及三個兒子，其中小王子聶赤逃到波密的嘎朗湖畔，建立「波密王朝」，又稱「嘎朗王朝」，成為波密土王第一代，與吐蕃王朝並立，鼎盛時期擴張至西藏南部及康區（今日四川西部），對西藏噶廈政府構成極大威脅。十九世紀後半，門巴族和珞巴族因爭土地和獵場發生糾紛而械鬥，波密王趁機征服，在白馬崗地區建立「地東宗」和「嘎朗央宗」（宗相當於縣）管理。

到了第二十七代波密王時期，1927至1931年間，波密王朝與噶廈政府爆發戰爭，波密王戰敗，王朝覆滅，噶廈政府將白馬崗分封給色拉寺、傾多寺和松宗寺三寺，一直延續到中共入主西藏。

2011年4月間，我為了5月和背包客前往西藏林芝地區朝聖拉姆拉措神湖，上網搜尋資料，意外看到一篇2009年大陸人發表的文章，標題是「西藏的機場：建在印度頭頂上！」

文中提到印度在中印邊界重新啟用及興建八個軍用機場，但作者形容「（印度）始終是孫悟空蹦不出如來佛（中國）的手掌心」，自豪的

土亭村是附近最大的村落，北行山路通往西藏墨脫縣。

寫著：「印度就是建八十個機場也沒用，他們的機場海拔也就百千米，看我們的海拔都4000至5000米，戰機一升空，飛過8000米左右的喜馬拉雅山脈就是印度，那邊一直是下坡直到印度洋。我們的戰機去印度是從高往低俯衝，速度快又省油；扔完彈，剛好一身輕鬆拔高返航。而印度戰機則相反，要載彈從低處一直拔高，估計翻過雪山油也快差不多了，能不能扔彈都是問題。」

　　接著作者圖文並茂的介紹了西藏各機場，包括海拔4334米世界最高的邦達機場、首府拉薩貢嘎機場、山南地區林芝機場、阿里地區昆莎機場、預定2015年修復完工的日喀則和平機場及計劃中的藏北地區那曲機場。

　　另外還看到一份《印度快報》網站2009年5月31日的報導：「當天，印度空軍一架運輸機降落在距離中印邊境僅八公里，海拔5312公尺的一座軍用機場，意味著這座關閉了整整四十三年的軍用機場將重新發揮作用。該機場位於印度西北部拉達克地區的東北邊境。於1962年中印邊境戰爭期間修建，1965年因當局覺得用處不大，加上它是世界最高的軍用機場，維護保養費用龐大，因而關閉。」

印度國防智庫「空中武力研究中心」主席、前空軍少將卡克表示，印度為了在與中國的邊境爭議上能處於更有利的位置，除了在居民多為藏人有「小西藏」之稱的拉達克地區，重新啟用軍用機場外，在同樣與中國有邊境爭議的印度東北部阿魯納恰爾邦山區，印度軍方也計劃重整已棄置數十年不用的軍用機場，以加強軍隊部署的機動性。

　　這些資料看得我不寒而慄，貝瑪貴就位在印度阿魯納恰爾邦最北邊，離邊界只有數十公里，正是軍事邊防要塞，難怪印度不准持中國護照的中國人進入貝瑪貴，我們還是靠護照封面的「TAIWAN」字樣才得以順利申請進入，而待在貝瑪貴期間，三不五時就有人來查證件，寺廟開光前還遠從德里來了三個調查局的人員。

　　二進貝瑪貴時看到村中及雅魯藏布江邊部署了比去年多的軍力；隨堪布北行前往二十五公里外的給林村關懷藏族村落時，沿途看到駐紮許多軍隊，一副戰事臨頭的模樣，堪布說給林村離邊界很近，回來上網找地圖，果然給林村緊貼著「麥克馬洪線」（地圖參看88頁），再過去就是西藏貝瑪貴（墨脫）了。而林芝機場位在墨脫西側，飛機一起飛，只要越過喜馬拉雅山立刻可抵達印度貝瑪貴。

　　諸佛菩薩保佑，別讓中印雙方政府的無明與貪婪破壞了貝瑪貴這塊淨土！

　　但世事無常，誰也沒把握以後會發生什麼變化，我還是趕緊規劃神山聖湖行吧，早點圓滿心願！

Norbuling村居高臨下，雅魯藏布江蜿蜒而過。

好事多磨

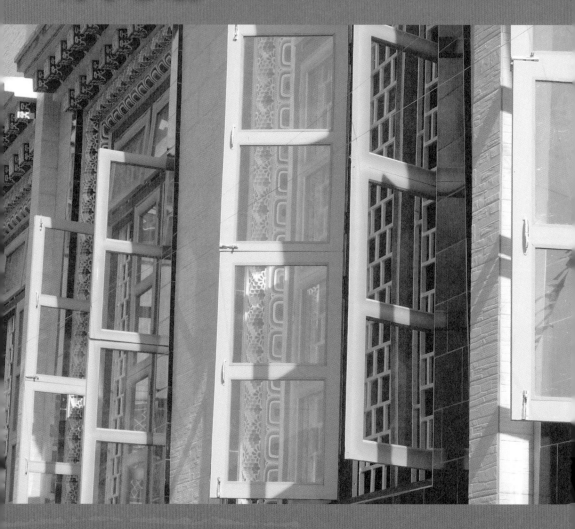

說是要趕緊規劃神山聖湖行，但根本無從規劃起，因為除了堪布那本書上有幾張照片及簡短介紹外，找不到任何資訊。

書上介紹三座神山，包括法身阿彌陀佛聖地「貝瑪謝日」(蓮花晶山)、報身大悲觀音聖地「日沃達拉」(普陀山)、化身蓮花生大師聖地「孜大布山」(精藏之城)。佛教所謂的法身、報身、化身，依序是指佛的寂靜不滅之身、佛福報因緣的果身、佛為化度眾生時的變化身。換句話說，也就是法身是萬法的本體，報身和化身則是法身所呈現的相貌和作用，體、相、用三位一體。

7月中旬，貝瑪因體力、小孩及一些因素，確定不同行。獲悉消息時，堪布在香港弘法，我趕緊打電話請示：

「我一個人去可以嗎？」

「可以啊，但是印度政府規定申請貝瑪貴簽證一次至少要兩個人，你找個朋友一起辦證，到時他沒去沒關係。計劃什麼時候走？」

「9月下旬走，以我在西藏朝聖的經驗，10月天氣比較穩定！」

堪布說他會找個寺裡喇嘛陪我走，我本想說不用，因為台北中心的嘎瑪喇嘛說他妹妹每年都會和朋友去朝聖，我和他們一道走就行了，但轉念一想，堪布可能有他的考量，就依堪布安排吧。

「堪布，您知道為什麼我今年一定要去朝聖神山聖湖嗎？因為年紀大了，我怕越來越老，明後年就走不動了。」

電話那頭傳來堪布的大笑聲：

「哪裡，你體力好得很，到80歲都一定還能走得動的。」

2月朝聖貝瑪貴聖地時，台灣去的三人中，我年紀最大體力卻最好，跌破大家眼鏡，回到台北後堪布多次對其他人說：

「袞秋很厲害，完全沒問題。」

7月底，嘎瑪喇嘛打電話給我，說他妹妹叫我8月底到貝瑪貴，9月初去神山聖湖，不能10月再去，那時會刮大風，很冷。

「10月會下雪嗎？」

「是還不會下雪，但風很大不好走，又冷。」

「但堪布前幾天才說這陣子下大雨，進貝瑪貴的路斷掉了。」❶

「8月底路況會好一些。」

我想，可能是藏民都沒足夠的保暖衣，怕冷，所以寧可下雨時走。

---

❶進出貝瑪貴原本一週有一班直昇機，不幸於幾個月前失事，只餘陸路進出。

我和小喇嘛們合影於舊僧寮

突來其變，一下全亂了方針。

十多年前我因爲甲狀腺過低，必須每天吃藥，但實在不想吃一輩子西藥，年初朋友介紹改看中醫吃中藥，西藥慢慢減量，目前還在調養中，體力不好，距8月底只有一個月，來得及調回原來健康的狀態嗎？

晚上打電話給堪布，討論後，決定就提早去。

爲了恢復及增強體力，每天運動，外加拉筋拍打、平甩功等，並吃天然營養品補充營養。到了8月初，體力還是很差，慢跑幾百公尺就腳酸、氣喘加心臟不舒服，我有點擔心，以前連跑幾公里也沒這種狀況。

不得已只好回醫院抽血加超音波檢查，門診時我老實跟醫生說我改吃中藥，慢慢減西藥，6月中開始便沒吃西藥。醫生聽了很生氣：

「難怪數值這麼差，你不要命啦？再這樣，頂多一年你就再見了。」

醫生要我恢復每天吃藥，一個月後回來復檢，然後他加上一句：

「我看一兩個月也恢復不過來。」

一兩個月？我聽了有點緊張，那我的貝瑪貴朝聖行怎麼辦？忙問：

「加重藥量會不會恢復得比較快？」我一心只盼快點恢復正常。

「不行，吃太多心臟會負荷不了。」

走出醫院，天陰陰地，心情有點沉重，這下又打亂了計劃，怎麼辦

呢？晚上先打電話告訴嘎瑪喇嘛我身體有狀況，醫生說暫時不能爬山，一個月後複檢。我請他聯絡妹妹朝聖可以延後一個月嗎？若不行，那她們先去，我呢，堪布說會找一位寺院喇嘛陪我，就由他陪我10月再走。嘎瑪喇嘛說：

「沒關係，我叫妹妹等你，一起去比較好。」

接著，我每天乖乖吃一顆藥，日日祈請蓮師護佑我體力早日復原。雖然身體有狀況，不過心裡還是很篤定，很有信心，因為我相信《牧羊少年奇幻之旅》書中那句話：

「當你真心想成就一件事，全宇宙的力量都會聯合起來幫助你。」

8月底，體能大有進步。9月初到醫院驗血，已接近正常值。無論慢跑、爬樓梯或踩腳踏車，都越來越輕鬆，心裡知道，身體恢復過來了。

9月下旬閉關的最後一天，拿堪布要我帶回貝瑪貴的東西，約三公斤多，並請堪布幫我聯絡住在Dibrugarh的嘎爾瑪甲千，麻煩他接機及代買回程印度國內段機票。堪布說沒問題，他都安排好了。並用藏文另寫了兩個人名給我，其中一個是寺廟總管，我認識，堪布說他交代過了，我抵達寺廟後找他倆任何一個都行。

出發前三天，前往中心拿喇嘛託帶的東西，堪布特地幫我修法《大獅王格薩爾王之祈供‧事業任運成就》。格薩爾王是有名的滿願王，係蓮師慈悲化現，主掌眾生財富、權勢、運氣的大護法，可化解消除種種障礙違緣險阻，所求皆能滿願順心。堪布並借我他阿薩姆的手機，說嘎爾瑪會陪我進貝瑪貴，因為外國人在阿魯納恰爾邦旅行，規定一定要有當地人陪同。

回想原先我計劃自個兒和當地村民一起搭吉普車進貝瑪貴，自個兒隨嘎瑪喇嘛的妹妹去朝聖，以免麻煩太多人，結果堪布什麼都幫我安排好了，真是太幸福啦！

像極我阿嬤的藏族老嫗，幾乎天天持拐杖轉寺廟。

一樣的路，不一樣的心情

10月初從桃園機場出發，因爲幫堪布及兩位喇嘛帶東西，裝滿一個大行李箱，我個人的東西精簡再精簡，總重量還是超過四公斤，幸好順利過關。

半夜抵達加爾各答，本想依堪布建議住機場附設旅館，但找到辦理登記的機場經理室，燈亮著卻空無一人，便決定照自己原先計劃睡在候機室，有不少印度人也睡在椅子上。這候機室雖然不大，但燈火明亮，還有警衛來回巡邏，我拿出吹氣頸部用靠墊，把腳擱在行李箱上（以免被順手牽羊），便放心地入睡了。

隔天中午班機，提前兩小時走往相鄰的國內機場，人山人海嚇了我一大跳，這才想起前陣子嘎爾瑪甲千寄印度國內段電子機票給我時，提到因爲恰逢印度 Durga Puja 節慶（類似過年），機票從四千多盧比漲到六千多。

抵 Dibrugarh，一出關口就看到嘎爾瑪，互相問候，走向停車場時，他說明天會和我一起，開寺廟車回貝瑪貴。我說太感謝了，再問明天只有我跟他嗎？他說除印度籍司機外，另三人是要回土亭的藏人。我聽了心裡比較沒那麼過意不去，至少這車不是專爲我一人而開。

連車帶人搭船過江，前為堪布兄嫂，後中為嘎爾瑪甲千。

前往旅館，辦好手續進房間後，拿出美金請嘎爾瑪換盧比及幫忙加值堪布手機，這時忽然接到堪布從香港來電，關懷我是否平安抵達，瞬間心中一陣溫暖流過。

隔天看到同車乘客，一對老夫妻是堪布的兄嫂，一個女孩是中心巴登喇嘛的外甥女，照舊先搭船，船行兩個多小時上岸，和第一回走的路線相同。

晚上住在第一回住的政府招待所，上次天黑時抵達，隔天又一早摸黑離開，全然不知道景色如何，這回住二樓，早晨五點半天已漸亮，步出小陽台，眼前是一片寬廣的翠綠山谷，雲霧遼繞，竹屋點綴，彷若世外桃源。

七點出發，窗外景觀已搭車看過三回，有相當程度的熟悉感，第一回懵懵懂懂，充滿未知，一路像要去遠足的小孩般雀躍，如今感覺像是離家多年的遊子要回家，無比興奮期待中，夾雜著一絲近鄉情怯。時隔八個月，貝瑪貴是否依然如舊？認識的藏民是否都平安健康？小喇嘛們不知有沒有長高長胖一些？

中午在離土亭六十五公里的河邊木屋用餐，第一回進出貝瑪貴也是在此用餐，本以為很快便可抵達寺廟，沒想到出發不遠，一輛軍用大卡車陷進路旁溝窪，擋住了車道，來往車輛全停下等候，延誤一個多小時才通車，抵達寺廟已五點。

天剛暗，小喇嘛看到車子，三三兩兩跑了過來，我對他們笑，大聲招呼「扎西德勒！」他們也笑著回應。一眼看到小索南喇嘛站在一旁，我喊了他名字，擺擺手招呼，

藍白樓房即新建的法王寢宮大樂熾燃宮

他立刻覥腆笑開了，露出招牌虎牙。

桑傑喇嘛也來了，高興地喊：「阿媽喇，你好嗎？」看到他很親切，2月朝聖一週天天相處，已非常熟悉，我喊了他名字回應。「桑傑」藏語的意思是佛，每當我喊他的名字，就會提醒自己，眾生都有佛性，眾生都是未來佛，身為佛弟子不僅該尊敬佛，就連隔壁阿毛也要敬他如佛。印光大師說過：「見一切人，皆是菩薩，唯我一人，實是凡夫。」

放下行李，寺廟總管嘎爾桑引我和嘎爾瑪前往法王寢宮。外形豪邁、被我和貝瑪取外號「達摩祖師」的欽仁仁波切，正在法王寢宮的一間房間閉關，特地出來大廳協商朝聖的事。他們三人對話速度超快，我聽不懂，最後，才放慢速度問我想去朝聖哪個聖地？我把三座神山及聖湖名字一股腦兒全說了，仁波切大笑：

「哈哈哈，不可能，三個地方都去要花很長很長時間。」

「啊，藏民朝聖不都是一次把所有全走完嗎？」

「不是，都是今年去這裡，明年去那裡，輪著去。」

他們又快速對話，然後仁波切問我：

「你最想去哪裡？這次先去，其它的以後再去。」

我想了一下，當然是寧瑪派祖師爺蓮花生大師的神山聖湖最令我嚮往了。

「我最想去孜大布日神山和達那果夏聖湖。」

他們再度商量，行程出來了，嘎爾瑪邊在紙上寫下行程表邊用英文告訴我，第一天從土亭走到Kuging原住民村，第二天開始野營……，第九天住仰桑貝瑪貴最深處的小村莊Yamiling，第十天再繼續野營……，第十三天回到Yamiling，往回走，第十四天住由東村，第十五天回到土亭村，包括朝聖孜大布日神山、達那果夏聖湖及日沃布達神山，正好順轉繞一個圓圈。（地圖參見152頁）

我問嘎爾瑪：

「堪布說會有一位喇嘛陪我一道兒走，知道是誰嗎？」

他說了一堆我只聽懂一句「桑傑會去」，接著他改說英文：

「我們需要請一個嚮導。」

「ok，嚮導的費用我來付。」

回到僧寮，沒熱水，連著兩天舟車勞頓，全身都是灰土，不洗不行，只好咬緊牙根洗冷水，剛沖下時打了個寒噤，幾下後就習慣了。

被我和貝瑪取外號「達摩祖師」的欽仁仁波切與小喇嘛正在整理佛像

法會時，通常都是由嘎爾桑總管（右）發放供養金給僧眾和瑜伽士（貝瑪攝）。

暗夜裡的咳嗽聲

第二回來時曾和台灣阿尼一起到桑傑喇嘛叔嬸家拜訪

今天是藏曆9月10日，蓮師薈供日，真是好緣起。

九點在大殿與喇嘛們一起作薈供。昨晚和桑傑喇嘛約了十點去商店買朝聖物品，他準時來叫我，一起搭寺廟吉普車上街，車上他問我：

「阿媽喇，我們要買什麼？」

「啊，不是你知道要買什麼嗎？」台灣登山我經驗豐富，採買駕輕就熟，但這裡的登山環境及藏族的登山習慣我都不清楚，根本無從採買起。我問他：

「一般去朝聖時都帶什麼食物？」

桑傑喇嘛說他去過一次，但那次是別人採買。只好先到他叔叔家請教嬸嬸，嬸嬸口述，他寫了一些東西，再回到店裡，有的沒有，有的寺廟有不用花錢買，米太重了到原住民村再買，可以少揹一天……，到最後什麼都沒買，對我說：

「我們回寺廟再問祖古看看。」

「祖古？哪個祖古？嘎爾瑪甲千嗎？」

他點頭。嘎爾瑪甲千是達娃祖古的兒子，也是轉世祖古，但後來還俗了，之前我直呼他名字（以為還俗後不再稱祖古），來到貝瑪貴才發

陽光下僧寮和寺廟鮮亮輝映

現寺裡喇嘛及村民依然尊稱他為「祖古」，從此我也跟著改口。

　　回到法王寢宮門口，看到祖古正逗著嘎爾桑總管的小孩玩，我說：

　　「我們剛剛去買朝聖用的東西，但實在不知道要買些什麼？」

　　祖古立刻拿來筆和紙，列了三十多項，有些還註明5公斤、10公斤，我說：

　　「太多太重了，揹不動。」

　　「沒關係，多個人去，你、嘎瑪妹妹、桑傑、嚮導再加一位喇嘛，

桑顛多傑因為長頭癬，帽不離頭。

下課後，小喇嘛邊走回僧寮邊練習吹笛。

五個人。」

　　下午三點再度去採買，先將嘎瑪喇嘛託我帶回的東西送到他家，只有他母親在，妹妹去了阿隆，一天多車程，明天會趕回來，後天出發。

　　本以為有了採購單，很快可以買好，沒想到還是慢。每家小商店貨色有限，連跑了好幾家還沒買齊，其中奶油一項，跑遍街上商店全沒賣，最後開車到有點距離、位在軍營旁的商店才買到。順便幫桑傑喇嘛買了雙雨鞋，總共才花一千多盧比。

2011年12月，索南堪布（左）與二位阿闍黎貝瑪洛本、得千洛本來台，協助徹令堪仁波切弘法利生的佛行事業。

　　黃昏一直沒發電，電力微弱。已從舊僧寮搬到新僧寮的小喇嘛，吃過晚餐全聚在一樓走廊鬧哄哄地玩耍，六點半鐘響，是晚自習時間，一個個捧著書本或法本，有的在室內，有的在走廊，或坐或站，還有人站在廣場的太陽能日光燈下，讀書、誦經聲此起彼落，琅琅上口與略顯生澀交雜，伴隨蛙鳴蟲叫聲，譜成世上絕無僅有的一曲交響樂，次旺老師則在走廊上來回巡視。

　　八點後自由活動，有人練習號角、海螺等各種法器，依稀還聽到吹笛聲，小小喇嘛則又是喧鬧地玩著，直到九點打鐘就寢，頓然靜寂，鴉雀無聲。

　　我坐在二樓走廊，除了廣場中的幾盞太陽能日光燈發出微弱的光芒，四周一片黑暗，山風流轉，月色曼妙，好個沉靜、純淨的夜晚。

　　寂靜中，此起彼落傳來咳嗽聲，不知是哪間房的小喇嘛，而住在離我三間房外的索南堪布同樣咳嗽不斷，引我想起自己5月在拉薩時也嚴

重咳嗽，餘悸猶存。

5月我前往西藏朝聖蓮師修行洞札央宗聖地，因疏忽山洞內外溫差而受寒感冒，回到拉薩轉為劇烈咳嗽，夜裡咳得屬害，咳到五臟六腑都要移位；咳到連尿液都滲漏出來；咳到痰卡在喉嚨，有如哮喘，難以呼吸，瞬間身歷其境體會到氣切病人在氣切前無法呼吸的痛苦。

最後不得不前往拉薩最大的軍區總醫院就診，驗血及照X光後，醫生說支氣管發炎，在高原好得慢，回內地好得快。

原本打算在大昭寺前作大禮拜半個月，實在不想提早離開，於是硬撐著，白天咳嗽狀況稍微好些，但不知是吃藥還是每晚睡不好之故，頭昏腦脹，全身有氣無力，只能沿著大昭寺外的轉經道，宛如拖死屍般，又像無根的浮萍飄浮著向前移動，四周景像人物都彷彿在夢中，一切虛幻不實。

轉經沒一會兒就累了，靠在寺前酥油燈房牆壁，望著眼前青石板上此起彼落大禮拜的僧人和藏民，心中無限感慨，曾經每天磕一千下於我是何等地輕而易舉，如今卻連一下都磕不了……。撐了幾天仍未好轉，只得接受無常，放下，離開。

返台後，正好堪布相繼傳授《頗瓦法》及《阿彌陀佛極樂淨土修持儀軌》，如法修持一陣後，有一天，急性腹痛，躺在床上，一下發熱直冒汗，一下發冷打哆嗦，身體異常難過，但內心卻有一份篤定，因為已學了臨終法門的修持。

因為這個經驗也產生了幾個疑問，事後我請教堪布：

「如何知道自己是要死了？萬一以為自己會死，修《頗瓦法》把神識遷走了，結果沒有死，那怎麼辦？另外，如果死亡來得很迅速，例如車禍意外，來不及修《頗瓦法》，怎麼辦？」

「一般如果是生病，會持續一段時間，只要經常修《頗瓦法》，要離世的最後一刻自己是會知道的。若因意外致死（那也是個人的因果業力導致），沒有足夠的時間修，也沒關係，因為平日就已經常常在修了，所以瞬間就直接觀想自己隨西方三聖去了阿彌陀佛極樂淨土就可以了。」

堪布結論時再強調：平常一定要經常作觀修練習，很熟練很熟練後，死亡不管何時來到眼前，心識都可以瞬間遷往西方淨土。

最後一個村子

今天陽光燦爛，天空藍得透亮，八點多走到寺廟外圍，緊臨雅魯藏布江的「打垌」區拍照。打垌是一種立式的祈福旗，將印有經文的長條白布幡掛在高聳的竹竿上，最頂端還立著一個圓形小壇城，每次仰望，看打垌隨山風左右搖擺，總很佩服竹子的堅韌。竹子是貝瑪貴特產，許多民房都以竹子蓋成。

返程蹲在路邊拍野花，有輛摩托車從村子方向朝寺院而來，停下和我打招呼，抬頭一看，是個長得很帥氣的年輕喇嘛，不認識，對話才知道他也要一起去朝聖，他說他是札西的弟弟。

「我認識的札西有好多個，是哪一個？在台灣的嗎？」他點頭。

「台灣札西也有兩個，是哪一個？」兩位札西喇嘛被台灣師兄姐依體格區別為「大札西」、「小札西」。

他拿出一張照片，是他和小札西喇嘛的合照，背景是南卓林寺。他叫咕嚕，目前就讀南印度佛學院，剛好放假回貝瑪貴探親。

回到寺院，嘎爾桑總管來找我，遞給我一張手繪地形圖，上面寫了許多藏文註解，獲知他是昨晚分手後趕工畫出來的，讓我感動不已。經他詳加解說，我首度對孜大布日神山及達那果夏聖湖有了較具體的概念，並驚喜知道，除了達那果夏湖，還有另外四個湖泊。

嘎爾桑離開後，我拿出寺廟開光時堪布製作的那本書，重讀偈頌：

「聖地孜大布日者，山溝猶如蓮花開，河如甘露具光華，五方佛之五魂湖，烏金達那果夏湖，殊勝稀有奇絕也……」

之前從沒聽堪布或喇嘛們說過有五個湖泊，讀資料時也以為「五方佛之五魂湖」只是一種形容，沒想到真的有五個實體湖泊。呵，神山下五個湖泊會是何等殊勝的景觀呢？有點迫不及待一親芳澤。

直到晚上，嘎瑪喇嘛妹妹還是沒趕回來，決定照計劃第二天出發。

本說八點出發，直到八點多了還在桑傑喇嘛寮房打包，原來是總管認為東西不夠，上街補買。看到另一位同行的安多喇嘛，是嘎瑪喇嘛的弟弟。

等候時，站在走廊和祖古聊天，我問：

「嚮導呢？」

「他住白雲巔，直接在 Kuging 原住民村和我們會合。」

「嚮導費總共需付多少錢？」

「一天 500 盧比，十天共 5000 盧比。」

透亮藍天下，打坷祈福旗隨風輕擺。

「十天？不是十五天嗎？」

「後來發現達那果夏湖到日沃布達的路很不好走，無法順轉一圈，只能原路退回。」

九點半終於在大家的祝福聲中出發，祖古揹了個小背包一起走，我以為是要陪我們到原住民村和嚮導交代事情。

走過雅魯藏布江吊橋，我在橋中央停了一會兒，望向腳底下湍急的河流，過了橋，等一下就會接到仰桑河畔山徑，在吊橋左右搖晃的韻律中，心裡有個聲音響起：

「你已經在朝聖的路上了，要好好地走啊，加油！」

三個喇嘛因為背包重，一路上頻休息。我沒揹公物，只揹自己的東西，七、八公斤而已，怕走太慢耽擱大家，每當他們停下休息，我總說：「我先慢慢往前走。」一個人好整以暇地享受走在山中的感覺。

途中遇到一位藏族中年男子，彼此微笑招呼，他問：

「你一個人要去哪裡啊？」

「要去孜大布日、達那果夏湖朝聖。我不是一個人，後面還有寺廟

打垧區緊臨雅魯藏布江

僧人。」

　　他眼神亮起來，立刻趨近跟我握手，頗有讚賞及加油意味。之後又遇到幾個婦女、男子，分不出是藏族還是原住民，都主動和我打招呼，山中人情味眞濃厚。

　　下午一點半才走到原住民小祖古住的村子，比第一回隨堪布來時慢很多，可能因爲今天是重裝吧！

　　兩點抵達仰桑河邊大樹下茅屋小雜貨店，向印度老闆買了速食麵順便請他煮，吃飽後，喇嘛全跑到江中戲水，我和祖古各自找了條長木板凳躺著睡覺，陽光穿越樹葉空隙，白花碎亮。

　　再度上路後不久，離開主路，左切上坡，一個多小時後抵珞巴村，在入村前的土坡上遇到嚮導吉達來接我們。

　　借宿原住民竹屋，主人在屋中央火坑生火煮晚餐，陸續來了一群村民和祖古聊天，有一個過來和我握手，用英文說記得我之前和堪布來過，他說看到我再來很高興，知道我要去朝聖更高興。

　　人多屋內又燒柴，空氣漸凝滯，我走到屋外，珞巴族竹屋均離地架

10月江水混濁；2月時則清澈澄藍。

　　高，門前有一走廊，方便進屋脫鞋及放置耕具、獵具，我在走廊靠牆坐下，伸直雙腳，深吸一口空氣，沒電讓整個村落全隱藏在漆黑中，夜色安詳、清涼。

　　5月朝聖西藏神湖拉姆拉措，經過米林縣，有個南伊珞巴民族鄉，是珞巴族在中國最大的聚居地。官方記載珞巴族是中國少數民族中最少的一族，只有兩千多人，但其實生活在印度境內的珞巴族，據說至少還有幾萬人。

　　珞巴族大部分居住在雅魯藏布江大拐彎以西的高山峽谷地帶，山高林密，交通十分不便。他們沒有文字，長期使用刻木結繩記數記事的原始方法，直到二十世紀中葉仍處於原始社會末期階段。根據珞巴族傳說，他們和藏族有密切的淵源，最早是同胞兄弟，後因個性相異及遭遇不同而分為兩個民族。

　　轉頭看向屋裡，就著火光，可以看到長期煙燻、黑得油亮的屋樑上掛滿各種動物骨骸及獸皮，觸目驚心。

　　進屋後，祖古跟我說：

　　「必須要請兩個女挑伕。」

「為什麼？不是說請一個就夠了嗎？」

「她們說一個人很無聊，一定要兩個，不然沒人肯去！」

居然有這種理由，祖古接著說：

「昨天堪布打電話給我，本要找幾個強壯點的喇嘛幫忙揹東西，但沒有能來的，來的都個子小小的，揹不了多少，所以一定要請挑伕。」

這倒是真的，今天他們慢得出乎我意料之外，但這樣花錢及勞師動眾原非我本意，心中有點過意不去，祖古看我沉默不說話，笑笑說：

「Don't worry，寺廟付盧比。」

「那我再供養寺廟美金。」我接著問：「挑伕可以揹多少公斤？」

「二十公斤。」

「為什麼不請男的？男的不是比較強壯，可以揹比較多嗎？」

「男的都下田工作、打獵去了，只有女的在家有空啊！」

所有的費用都等回到寺廟才付，說到這裡，我才知道，祖古也要一起去朝聖，之前他都沒表示要同行，不知道是不是因為昨天堪布打電話給他才改變主意。有他同行，我放心不少，看他胖胖的身軀，體力應該不會太好，這樣萬一我落後時就有伴了，而且大家很尊敬他，可以借重他的溝通協調力。

九點，在火旁四周地板鋪上草蓆就寢。當最後一點餘火熄滅後，屋中一片漆黑，只有輕微的夜色隨著山風流進木板小小的裂隙。

住宿珞巴族原住民茅竹屋

山林中的孤獨與自在

早晨六點出發，離開Kuging村。

昨晚兩手臂癢得我無法熟睡，三點不到聽到雞啼，想來是上回和堪布住這裡時的同一隻公雞。三點多主人起床為我們準備早餐及中餐，我坐直身子用手電筒一檢查，兩隻上手臂各有十多個咬痕。

六點出發，一開始就是上坡，走沒多久，下面村子傳來喊叫聲，女挑伕之一有東西忘了帶，放下竹簍回去拿，我趁機提起她的竹簍，頂多十來公斤，難不成昨天祖古說「揹二十公斤」是指兩個人加起來的負重？那也未免太扯了吧。

我向祖古說女挑伕的竹簍不重，祖古試拿後，說：

「十公斤以上，有。」標準的藏語語序，動詞在後面。

我再試三個喇嘛的背包，比女挑伕還重，跟祖古報告，他回答：

「沒有關係。」

我直接告訴桑傑、咕嚕、安多三位喇嘛：

「你們背包太重了，可以分一點給兩個挑伕。」

「沒有關係。」三人居然不約而同回我同樣一句話。

雖然跟藏民相處經驗豐富，有時我還是搞不懂他們的想法，常常我覺得很嚴重的狀況，他們都是一句「沒有關係」帶過，一下就「四兩撥

藏族嚮導吉達和珞巴族女挑伕阿覓、沃喜

千斤」。

「昨晚有被咬嗎?」祖古問我。

我把衣袖捲高,雙手舉起來秀給大家看,他們同時發出各種聲音,啊、哎呀……,表示同情。說是天氣還不夠冷,冬天來就不會被咬了。

八點爬到一開闊處,看到山谷對面山嶺上有幾戶人家,吉達說那是嗯吝。喔,就是上回供養五萬盧比的小村子。嗯吝村沿山嶺往上,便是白雲巔。

看了手錶高度計,此處海拔1440公尺,Kuging海拔約850公尺,兩小時爬升600公尺,還挺有成就感的。

十點停下吃原住民為我們準備的中餐,米飯及竹筍都用寬樹葉包,很環保。半小時後出發。林中地面到處是爛泥,為了避開爛泥,只能跳著走,心想萬一下雨,爛泥面積增大,那就慘兮兮了,難怪大家都穿雨鞋,只有我穿登山鞋。

延續昨日方法,大家休息時,我先走一步。一個人走,累了喘口

氣，渴了喝口水，速度快慢由己，想拍照就停下來，完全沒有壓力，愜意極了。

多次跨越或鑽爬倒木，地面溼陰的爛泥裡，有日積月累朝聖者走過的痕跡，路旁岩壁上鋪陳著由綠轉紅的美麗青苔，陽光從茂密的樹林頂費力穿過，灑下點點金光。兩旁樹林蓊鬱，松蘿苔蘚密佈，山風透不進來，空氣凝重悶熱。小蚊蟲嗡嗡叫，在眼前飛來飛去，很是擾人。螞蝗像一根細細的黑繩，一端黏在樹葉或草上，擺動著身軀，等候著有人經過，伺機沾黏。

這些情況像極了台灣中級山，所謂中級山是指高度1500至3000公尺的山區，林相複雜、原始荒蕪、地形變化豐富，鮮有人跡，路況不明確，由於這個高度正好是層雲高度，容易下雨，經常雲霧繚繞。

走著走著，輕哼著山歌，在歌聲裡回到三十多年前熱愛登山的大學時代，所有假日幾乎全給了山。在登山過程中，我喜歡找機會和前後伙伴拉開距離，讓自己短暫落單，獨自啜飲山風，享受孤獨。

為賦新詞強說愁的青春年華，曾經迷惑於孤獨與寂寞之間，隨著生命歷練增加，才恍然兩者之間的微妙，孤獨只是形體上的單一，寂寞卻是切膚入髓的心靈空虛；知道去享有內在自我的人是不會寂寞的，即使孤獨一人，天涯海角也都能快樂自在。否則就算身在人群中，喧嘩熱鬧，心靈依然會感到無邊空虛。

學佛以來更明白，即使是形單影隻，但其實也不是只有自己一個人，諸佛菩薩無所不在。

在山林中，孤獨是一種享受，可以靜觀萬物，領略自然之美，我依著自己的步伐和呼吸，找出最適當的節奏，一步一步穩穩地往前走，逐漸走成為一棵樹，一株草，甚至只是一片在山風中飛舞的樹葉，身心輕盈。

下午一點半抵達名為「馬被」的營地，海拔2180公尺，珞巴人蓋了間只有屋頂的獵寮，架高的竹床上堆滿了捕野鼠的竹編物。

用下午在森林中採摘的野蘑菇煮成燴飯，吃飽後收拾了一下，兩個珞巴女孩沃喜和阿覓就說要睡了，我一看手錶才六點鐘，太早了吧！

屋頂滴滴兜兜響起，剛才下毛毛雨，難不成轉為大雨？我邊在心中唸誦蓮師心咒邊把手伸出屋外，還好不大，是因鐵皮屋頂，雨落下的聲音特別響亮。

　　看到祖古用手電筒照明在看出發前總管給的《孜大布日法本》，我也拿出隨身法本持誦，最後迴向，希望這只是一片烏雲飄過。

　　終於雨停了，小喇嘛摸黑下溪谷取水，明早用。我出外找了隱密處上大號，蹲在樹林裡，月亮又圓又亮，斜掛在天空，應該不會再下雨了吧！

　　忽然看到樹林裡草叢上點點亮光飛舞，哇，是螢火蟲。生態專家說，環境自然、水質良好、沒被污染的地方，螢火蟲雌蟲才會產卵及存活。此時牠們一閃一閃是在呼朋引伴還是求偶呢？點綴黑夜如晶亮的鑽鑽。

　　七點擺平，剛回來的三個珞巴獵人坐在火旁一邊聊天一邊編製捕鼠竹器。

　　夜裡，雨又來了，鐵皮屋上的聲響伴隨著呼嘯山風，感覺風強雨急，心中略微擔心，不斷持誦著蓮師心咒，進入夢鄉。

馬被營地，海拔2180公尺，住宿於珞巴人蓋的獵寮。

吉達揹的帆布大背包很像三十多年前台灣登山客的背包

灰黑色的晚餐

整晚兩隻手臂癢得很，越抓越癢，最後決定不理它，隨它去吧。

三點多吉達起來煮早餐，真是個盡責的嚮導。我起來早課及寫日記，沃喜和阿覓早已醒來，擠在毯子裡小聲聊天，她們比手勢要我再睡，我笑笑搖頭。

四點多咕嚕喇嘛起來幫忙準備午餐，天漸亮，我問吉達：

「今天天氣如何？」

「應該不錯。……」後面說了長串，我只聽懂他昨晚有向蓮師祈請，我回答：

「我昨晚也一直在誦蓮師心咒，希望天氣很好。」

兩人對望，很有默契地笑開了。

約五點半出發，半小時後太陽從峰嶺後露臉，昨天一路嫌陽光炙熱，曬得皮膚刺痛，今天卻非常高興看到太陽，越大越好，人心真是反覆無常。

早上一開始就是超難走的下坡，密林加上地面全是糾結的樹根和爛泥，接著走了段稜線，上上下下，然後再度走進密林，惡夢又開始了。

一眼望過去，小徑鋪滿落葉，兩旁樹木翠綠，陽光透不過密林，只在葉梢閃爍著，串串松蘿從樹梢垂下，與樹身纏綿互擁，很是詩情畫意，但一踩下落葉，美夢立刻驚醒，落葉底下全是爛泥，擔心鞋子陷進爛泥，只能尋找突出的石頭、樹根踩踏，或是沿著邊緣草叢走，但草叢是螞蟥的地盤，不免提心吊膽。

有時這些踏腳處一個都沒有，就必須繞進林中再走出來，或是爬上路旁突起的乾土堆再翻下坡。早上吉達砍了根竹棒給我當登山杖，這時就成為最大幫手，助我一臂之力，伴我演出撐竿跳，跳過爛泥。

這段路我走來比別人費力許多，清晨五點吃的蘑菇粥，沒多久就消化光了。而其他人仗著穿高筒雨鞋，如入無人之境，大剌剌踩下，輕鬆往前走。

一路螞蟥增多，每回低頭一看，就看到鞋上褲管上好幾隻螞蟥搖擺著。螞蟥藏語叫「把爸」，每當我大叫：「啊，有把爸！」就好像在喊爸爸似的，通常是我還沒撥掉牠，沃喜就已經跑過來，直接用手一抓、往外一扔。

十點半剛過，來到一個只有屋頂的竹屋，地名叫「喇嘛祖古」，先鋒吉達和咕嚕喇嘛已煮好奶茶，遞給我和祖古一人一碗印度速食麵，熱

密林內糾結的樹根

落葉底下全是爛泥

湯麵下肚，飢餓的胃頓感舒暢，這才注意到其他人只吃冰冷的炒飯配熱奶茶，我不禁因自己享特權有點不好意思，看他們用手抓著吃，吃得津津有味，真令我佩服。

十一點半出發，約十分鐘繞過一塊尖聳巨岩，也叫「喇嘛祖古」，營地就是以它為名。為什麼叫這個名字？連吉達也不知道原因，只說是珞巴人取的名稱。

濃霧漸增，馬不停蹄往前走，後來長段路我幾乎都自己一個人走，因為前面的吉達、咕嚕喇嘛和安多喇嘛走太快我跟不上，後面的又走太慢。

兩點半抵達建在密林中的山屋，此地叫「嘎尼賓可」，海拔3190公尺，在霧濛濛中，小而堅固的鐵皮屋頂竹屋，散發幾分家的味道。

殿後的四人三點半才走到，原來是沃喜身體不舒服，半路嘔吐，加上她前一天就喊頭痛，我判斷是高山反應❶，幸好帶了藥，趕緊給她吃了。

附近沒有山溪和山泉，只有兩個小黑水池，一個太淺，無法舀取；一個裡面有許多不知名的小蟲。記得以前登台灣高山，有些山區只有小小的黑水池，裡面各種浮游物手舞足蹈，每當有新鮮人質疑：「這水能喝嗎？」經驗老到的山社學長總是回給一個妙答案：「為什麼不能喝？有生物表示這是『活』的水啊！」

桑傑喇嘛提供了他的薄紗圍巾當過濾工具，看著咕嚕喇嘛和安多喇嘛兩人小心翼翼地過濾小蟲，想起佛經上的一個故事。

釋迦牟尼佛時代，印度波羅奈國有兩個出家人相伴前往舍衛國拜見

❶或稱高山症，是人體在高海拔時由於氧氣濃度降低而出現的現象，通常發生在海拔2500公尺以上，有些人則在1500公尺就會出現症狀，包括倦怠無力、頭痛、失眠、心跳加速、嘔吐等，嚴重時會轉成肺水腫和腦水腫，有可能導致死亡。

釋迦牟尼佛，路途很遠，天氣炎熱，兩人走了許多天，帶的水都喝完了，口渴難受，荒郊野外沒村子可以討水喝，忽見路旁有個小水池，水中有許多小蟲，甲僧想：

「再不喝水會渴死，那就無法拜見釋迦牟尼佛了，我無論如何都要維持住生命。」於是舀起水喝。

乙僧看到水裡有蟲，想到「佛觀一缽水，八萬四千蟲」的教導，怕傷害小蟲生命，於是遵守佛戒，堅持不喝，寧可渴死。他死後，由於嚴守不殺戒，以持戒功德，立即投生第二層忉利天，得到神通，當夜就到了舍衛國拜見佛陀，聽佛開示，證得阿羅漢果位。

甲僧走了好幾天，終於見到佛，全知的佛故意問他：

「是一個人來，還是有其他人同來？」

甲僧感歎地說出乙僧不肯飲水以致渴死的事，佛說：

「他已經先來見我，並已證得果位了。」

我們這樣做不知算不算遵守「不殺戒」？

黑水池的水過濾後仍是灰黑色，但至少看得到的小蟲和浮游物都沒

岩壁舖陳由綠轉紅的美麗青苔

建在密林中的山屋「嘎尼賓可」，海拔3190公尺。

了，晚餐吃馬鈴薯，看去灰灰的，米飯也相同，吃了一頓灰黑色的晚餐。

四點開始下雨，四周被濃密的霧氣包圍，密林中傳來吉達和喇嘛們砍材的聲響。今天和昨天一樣，抵達營地後，吉達都帶著喇嘛們到密林裡砍材，起初我不懂，為什麼要砍那麼多？問了才知道是要留給後面的朝聖客用，像我們一抵達營地生火也是先用前人留下的木材，這種利他行為真令人隨喜讚歎。在每個山屋裡也都放置各式鍋子供朝聖客使用，尤其煮茶用的大茶壺最是功德無量，藏民習慣隨時喝奶茶，一把大茶壺最好用。

吉達說從這裡到達那果夏湖，藏民只走一天，但路程有點遠，我們可能走不到，決定分兩天走，返程再併為一天。因此明天只走到最後營地，後天抵達聖湖達那果夏，住湖邊寺廟，大後天輕裝轉湖及轉神山，再回寺廟住。

「什麼？達那果夏湖邊有寺廟？」我大吃一驚，之前沒聽說。

「小小的，是我父親蓋的。」祖古說。

咕嚕喇嘛和安多喇嘛用薄圍巾過濾黑水池的水

直刺天空的長矛

半夜一點多，吉達和咕嚕喇嘛起來生火，沃喜和阿覓也起來了，講話聲把我和祖古給吵醒，祖古起身看了一眼說：

「怎那麼早？才一點多喂，三點再起來就行了啊！」

原來因為太冷睡不著，起來生火，祖古倒身再睡，我看了眼屋外，星月明亮，天明肯定好天氣，也放心地倒下再睡。

今天路程不遠，六點出發，又是下坡、上坡，正前方有座高高的山嶺，聽到吉達說要翻越過去，大家都「啊！」了一聲。

路面泥濘依然滑不溜丟，崎嶇難走，我跌倒多次。約半小時爬上稜線，視野開闊，景觀壯麗，山峰連綿，遠方一座巨大雪山高聳浮現，依照方向，我猜是南迦巴瓦峰，吉達也說應該是，大家很興奮。

路進入原始森林中，陡坡往上，爬了一會兒，氣喘如牛，休息時不經意回頭，赫然發現遠方浮現一座更高、更壯觀、積雪更多的雪山，啊，這才是南伽巴瓦峰哪！一路邊爬邊回頭欣賞南伽巴瓦峰的英姿，八點爬到全無遮擋的山坡，海拔3400公尺，下方谷裡有條溪流，吉達說是哈日布河，流到山下和仰桑河會合。

景觀越來越美妙，九點抵海拔3600公尺，吉達和喇嘛們爬下斜坡砍採煨桑用的樹木，暫放路旁，返程帶回寺院。這一帶地面長滿低矮的

清早出發，要翻過前面山頭。

南迦巴瓦峰整條稜脈一路在左側相伴

紅闊葉植物，曬乾後可煮成印度茶「呷巴弟」，我們採了一大把，打算煮新鮮「呷巴弟」喝。

沿著山腰前進，在大大小小石頭間爬上爬下。十點時大家躺在山腰空曠處休息，遠望前方有個白色「普巴」（巨石山洞），再遠些的白色小點便是今晚住宿的山屋，沿山腰緩緩下切，抵達海拔3550公尺的「包哩畢」營地時，還不到正午。

喝過茶，喇嘛們跟著吉達前去砍木材，再借用珞巴竹簍揹回來。我四處探勘環境，發現下方山崖邊蓋了個「豪華廁所」，鐵皮屋頂，三面以樹枝遮掩，蹲在山風徐徐中上了個舒服的大號。

除了北方雲層翻湧外，艷陽高照，長髮的沃喜和阿覓蹲在山溪洗頭，我有點兒心動，但水實在冰冷，擔心著涼，還是忍著罷。

下午偷得浮生半日閒，坐在屋外面對著層巒疊嶂，曬太陽，寫日誌，持咒，修誦法本，盡興了才進屋坐到火旁，藏英文夾雜和祖古聊天。

「到底貝瑪貴有多少村子？堪布那本簡介書裡列了十六個。」

「那是有佛教信仰、有寺廟的村子，其它還有很多村子沒列出。珞巴人最多，可能超過五千，門巴人最少，一千不到，藏族大概兩三千吧，明確數目不清楚。」

「我在Google map搜尋寺廟所在Tuting（土亭村）的地圖❶，結果指示箭頭出現在地名Jido（中國出版的地圖譯爲吉刁）旁，Jido和Tuting有關係嗎？」

「喔，Jido是Tuting以前的舊地名，Jido是珞巴話，位置大約在大鵬金翅鳥雌鳥附近，以前有人住，現在沒了。Tuting是在1920年左右遷建的新村子。」

一旁，三個喇嘛和兩個女挑伕相處融洽，講印度話有說有笑。問了他們幾個年齡，安多喇嘛和阿覓只有18歲，桑傑喇嘛19歲，咕嚕喇嘛23歲，已經結婚的沃喜24歲，全都比我小孩小，當他們知道我已56歲，露出吃驚的神情。

四點半，大家站在屋外欣賞風光，夕陽嫵媚，雲彩千變萬化，南迦巴瓦四周雲層翻湧，襯托出雪山磅礴而又靜默的威嚴，呈現極爲震撼的美麗，雲從深谷往上升騰、瀰漫，山峰逐漸隱去，只留下純淨飄渺的虛無，空靈如深山梵唱；直到山風吹揚，雲層流竄，雪山再度若隱若現，迷離夢幻，大家全看呆了。

我心裡有點激動，萬萬沒想到我居然會是從印度看南迦巴瓦峰看得如此過癮！

幾年來，無數次經由滇藏公路入藏，至今還沒正眼看過南迦巴瓦峰。今年5月租吉普車朝聖林芝地區，專程開往色拉季山口（眺望南迦巴瓦峰最佳地點之一）想要一親芳澤，沒想到前一天好天氣，去的那天早上天氣轉差，小雪紛飛霧茫茫。

現在好整以暇坐著，以南迦巴瓦峰爲首的喜馬拉雅山脈東段稜線，清清楚楚攤開在眼前，我忍不住在心中將它緊緊擁抱。

南迦巴瓦峰位於西藏東南，藏語有兩種解釋，一爲「雷電如火燃燒」，一爲「直刺天空的長矛」，海拔7782公尺，是世界第十五高峰，曾被大陸《中國國家地理》雜誌讀者評選爲中國最美的山峰，它那巨大

---

❶地圖參見第152頁。

海拔3550公尺的「包哩畢」營地，四周開闊。

五星級豪華廁所

烤火閒聊

雲霧翻湧中的南迦巴瓦稜脈夕照

的三角形峰體終年覆蓋著厚厚冰雪，經常雲霧繚繞，很少露出眞面目。

上游自西向東奔流的雅魯藏布江，就是在它腳下拐了一個奇特的大迴彎南流，形成世界上最壯觀的大峽谷，從峰頂沿南坡而下海拔一路下降，墨脫海拔約1200公尺，再往南到土亭村，海拔只有500多公尺。

南迦巴瓦峰充滿神奇傳說，相傳十方諸神時常降臨山頂聚會，煨桑的燃煙形成了遮掩廬山眞面目的雲霧，還傳說山頂有眾神宮殿及通天之路，因此無論是西藏墨脫還是印屬貝瑪貴地區的居民，都對它無比推崇和敬畏。

從夕陽看到月亮浮出山頭，氣溫驟降，其他人全進山屋烤火了，我仍捨不得轉身，越是在氧氣稀薄、寒冷的地方，我就是越能待得很自在。

圍在火旁用晚餐，從我坐的位置望出去，天邊幾顆星星閃爍著，月亮時而被雲遮住時而現身，又圓又大，桑傑喇嘛說今天是十五。

七點各自鑽進睡袋，因爲沃喜和阿覓沒有睡袋只帶了毯子，昨晚冷得睡不著，今晚安多喇嘛和桑傑喇嘛把一個睡袋和她們換一條毯子，睡在我旁邊，聽到他倆縮在攤開重疊的睡袋、毯子裡，唏唏嗦嗦不知在做什麼，時而嘰喳講話時而壓低嗓門嘻笑，眞是情同手足的哥倆好。

烏金淨土

坐看南迦巴瓦雪山整條山脈清朗矗立

六點出發，地面及路旁草木結了一層薄冰霜，顯然夜裡溫度頗低。我們往東走，一路上北方的南迦巴瓦山脈在左側伴行。和台灣一樣，海拔3000公尺以上的高山，視野開闊，先下坡一段後，沿著稜線上坡，接到佈滿山腰的巨大石塊區，遠望看不到路，走近了才看出石塊與石塊之間的小段土路上有腳印痕跡。

我在跳跨一塊大石塊時，腳一滑，整個人往下摔倒，右部胸肩撞擊石面，痛得我叫出聲來。走在前面不遠處的桑傑喇嘛聽到，回頭看見我摔倒，背包一扔，快跑回來扶我起來。

近八點停在一平整的大塊石坡上休息，對面山脈南迦巴瓦雪山清朗矗立，暖和的陽光曬得人懶洋洋的，真想躺下來看山不走了。

續行約一小時，地面散落著大大小小的三角椎狀石，朝天立著，全是天然形成，相當特別。往前走，山脊右下方出現一個大湖，以為到了，但吉達說不是。下到湖邊，這湖名叫「朵龍」，有一大一小兩湖連接；不久又看到一湖，名「油空」，沿著瘦稜走到一天然巨岩山洞，旁有大石塊錯落，停下午餐，右側陡崖下方也有一圓形湖泊，叫「陡公措」，湖光山色，秀色可餐，冷飯吃幾口就飽了。

翻過鞍部，山坡下出現此行第一個湖泊，有一大一小相連。

五方佛五魂湖第一個不空成就佛魂湖

這裡海拔約3800公尺，吉達說還需走兩小時才能抵達湖邊寺廟，若走得慢可能要三小時。飯後各自躺在艷陽天下休息，我測量溫度高達攝氏22度，難怪一點也不冷，把鞋襪脫了，光著腳丫在石頭上踩來踩去，舒服透頂。

正午十二點上路，走過一塊溼窪地後，開始翻山，沿著碎石坡陡上半小時抵達鞍部埡口，建有一祈福小塔，大家把半路採摘的野花及煨桑樹枝，觀想成廣大如無盡虛空的供品，一起獻給諸佛菩薩。

翻過鞍部，下方谷裡出現五魂湖的第一個，往下走幾分鐘後，視野豁然開朗，從山隘兩旁延伸向前的環狀山嶺，懷抱著中央三個湖泊，大家停住腳步欣賞。吉達說從這裡算過去，達那果夏本是五湖中的第四個，但因為第三和第五個都藏在山凹裡，因此，達那果夏變成第三個，湖畔發亮的小白點便是寺廟屋頂。

風起雲湧，湖面變化著天光雲影，湖水顏色隨之幻化，深淺濃淡，宛如天神不小心灑落人間的調色盤。

陡下抵達第一個湖邊，大家虔誠禮拜及祈福後，沿著湖畔小徑走過第二湖，看到第三湖藏在山谷中，難怪從埡口看不到。二、三、四湖之間上上下下，倒木溼滑難走，中間越過小溪，穿行水草豐美的沼澤，我因為照相及不斷停下欣賞美景，落在最後，前面的人早已不見蹤影。

雲層很低，伴著時濃時淡的霧氣，四周綠樹在白色陪襯下鮮活了起來。我特別喜歡高山上的樹木，它們是沉默的一群，以堅毅、寬容坐懷千古，日夜守望著群山和湖泊。

三點整，抵達湖畔小寺廟，海拔3620公尺，比昨天住宿處略高。用木板和鐵皮蓋成的小寺廟，只有幾坪大，麻雀雖小五臟俱全，屋內設有壇城，寺外另有一大一小兩間小屋，小的是廚房，大的是朝聖者住所。

天空飄著小雨，氣溫很低，穿上羽毛衣及防雨風衣，站在寺外看湖，湖面霧氣迷漫，湖中象徵蓮師宮殿的小島忽隱忽現。

歷史記載，蓮師出生在古印度烏金國（今巴基斯坦境內）西北方的達那果夏湖，「達那」在梵文中指財富，「果夏」指寶藏。

蓮師曾授記此湖和烏金淨土的達那果夏湖加持力無二無別。一般稱蓮師的淨土為「烏金淨土」，並非指古印度烏金國，係因後世尊稱蓮師的諸多名號中有「烏金上師」之名，他的淨土便被稱為「烏金淨土」。

佛經記載，宇宙有四大部洲相互毗鄰，東勝神洲、南瞻部洲、西牛

左為第二個寶生佛魂湖，右為第四個阿彌陀佛魂湖（達那果夏湖），而第三個金剛不動佛魂湖隱在右山凹，暫時看不見。

賀洲、北俱盧洲，而南贍部洲又稱南閻浮提洲，也就是地球。

南閻浮提洲有五大聖地，中央是釋迦牟尼佛悟道的金剛座（印度菩提迦耶），東方是文殊師利菩薩的淨土五臺山，南方是觀世音菩薩的淨土南海普陀山，西方是蓮師的淨土烏金國，北方是法胤勝王的淨土香巴拉國。前三個世人都到得了，後兩個則除非身心具有相當程度的淨化，否則到不了。

依據伏藏記載，當蓮師在西藏弘法圓滿後，觀察未來因緣，西南方有一食肉羅剎國，若不加以調伏，將會侵害南閻浮提眾生，乃前往羅剎國，度化羅剎王的神識匯歸法界，自己再進入他的身體，以羅剎王身分調伏羅剎眾生，廣揚密法，並運用神通把羅剎國轉化爲烏金淨土。烏金淨土成爲寧瑪派弟子祈願往生之處。

藏在山凹裡的第三個金剛不動佛魂湖

　　或許因為身在父親蓋的寺廟，今天祖古興致特高，一下英語一下藏語，主動對我講了許多故事，彷彿在跳躍火光中打開了時光隧道。

　　祖古藏英語流利，以我的程度無法全聽懂，不過，我對西藏歷史很熟悉，關鍵字抓到了，同樣可以明白祖古在說什麼。

　　1950年，中共進入西藏，明定西藏是中國統治下的自治區，藏東康巴人憤而反抗，成立游擊隊與共軍奮戰。1959年達賴喇嘛流亡印度，拉薩爆發戰爭，中共軍隊進行鎮壓，炸毀許多寺廟，一切宗教活動皆被禁止。

　　祖古和堪布兩人的父親便是在1959年，從西藏貝瑪貴的「得凍」，帶著家人遷來印度貝瑪貴。

　　「得凍是現在西藏哪裡？」行走西藏那麼多年，沒聽過這個地名。

水草豐美的沼澤

　　「我不知道，因爲我們和西藏貝瑪貴之間，早就無法來往了。」

　　「貝瑪貴有些藏民自稱是藏族原住民，叫羌那人，所謂羌那有特別意思嗎？」

　　「不丹，你知道嗎？」

　　「知道啊，不丹人自稱是『龍族』。」

　　「大約十五世紀，有批藏人從西藏遷移到不丹，差不多同時期，一部分人遷移到貝瑪貴，羌那指的就是從那時就定居在貝瑪貴的藏人。」

　　停了一會兒，我問祖古是第幾次來朝聖？他回答「第一次」，我有點意外，這寺廟還是他父親蓋的呢，他一次都沒來過？

　　看我不太相信，祖古解釋因爲他7歲就去了南印度寺廟學習，後來又去美國好幾年，所以一直沒機會來。

　　祖古也講了達那果夏的一些記載，和我讀過的資料大致雷同。接著他問我：

　　「五方佛的中文叫什麼？」

達那果夏湖及湖中島蓮師宮殿忽隱忽現

　　「中央毘盧遮那佛，東方金剛薩埵不動佛，南方寶生佛，西方阿彌陀佛，北方不空成就佛。」我用中文慢慢說，然後他用藏文也說了五方佛的名稱，並說：

　　「每個湖都是一個佛，名字最後都是『拉措』，『拉』是什麼意思，知道嗎？」

　　藏語拉措指「天湖」，但祖古這樣問，顯然有特殊意思，只好硬著頭皮回答：

　　「是和我名字袞秋拉嫫（珍寶天女）的拉一樣的意思，指天嗎？」

　　「不是，拉是指 soul。」原來如此，所以才會稱為五「魂」湖。

　　談到貝瑪貴的資料很少，祖古說：

　　「達蘭莎拉西藏流亡政府原本存有貝瑪貴的歷史資料，後來不知怎麼遺失了，現在看到的都是我父親重新寫成的。」

　　月亮出來了，明媚溫柔，有如達娃（藏語意即月亮）祖古在天上俯視著他一手創建的小寺廟，護佑著來此朝聖的每一個人。

五方佛五魂湖

昨晚睡寺廟地板，酥油燈相伴，溫馨詳和，每個人都睡得很熟。清晨凝視達那果夏湖，太陽初昇，湖面半明半暗，陰暗處水波山影幻化，彷彿有尊蓮師聖像端坐左側水面。

七點輕裝出發，下達湖邊，吉達跳到湖中石頭上，代表大家獻哈達供養。再從左側山脈沿著亂石堆往上爬約二十分鐘，抵達一間以外突巨岩為屋頂搭建的小木屋，堪布曾於此作長期閉關。

清晨六點多達那果夏湖，明暗光影幻化，彷彿有尊蓮師聖像端坐左側湖面。
（將此圖順轉90度及逆轉90度，可看到奇妙的幻化。）

不可思議的彩色曼達拉

堪布曾長期閉關的簡陋小木屋

從堪布閉關房俯瞰，達那果夏湖一覽無遺。左上凹處即第五個湖。
（以寺廟為正點算，此處約是兩點鐘方位觀湖）

　　脫鞋進入頂禮，屋內壇城供奉著四臂觀音、阿彌陀佛和蓮師；牆上有幅釋迦牟尼佛唐卡。靠牆地面鋪了草蓆，閉關期間，打坐、修法、休息全在這一方寸之上。屋外右側內凹的岩壁下，堆放著一些木材，吉達邊走邊介紹「這是堪布煮茶、煮食物的地方」，我跟在後面，舉起相機，吉達背部擋住了部分景象，我正想移動角度，吃驚地看到觀景窗顯現許多曼達拉，不假思索，趕緊按下快門，吉達聽到快門聲，知道我在拍照，往旁讓開一步，我立刻再次按下快門。

　　回看影像，好神奇啊，前一張出現八、九個圓形曼達拉，還有被畫面切掉部分的半圓形曼達拉；第二張角度差不多，只是畫面較廣，但曼

達拉全消失了。

是我驚擾了諸佛菩薩嗎？

退回屋外狹窄、滿佈碎石的山徑，達那果夏湖及湖中小島盡覽無遺，清晨陽光透亮，水面閃爍著浮光雲影，想像著我的上師曾長期在小木屋內閉關修行，此處海拔近4000公尺，白日陽光照耀稍微溫暖，夜晚冰凍，一襲僧袍，如何抵擋刺骨的寒冷？日日以簡單食物裹腹，有時只吃乾糧；無盡的黑夜，酥油燈在風中飄搖，酥油用盡，只能以星月為光，長夜漫漫，以「利益眾生」的願心安住在法身慧命之中……

堪布應也曾從我站立的這個角度，望著下方的聖湖吧？心中有幾分衝動，很想留下來閉關不走了。

繼續陡峭上登，隨時回望，達那果夏湖都饗我們以不同的光影變化。今天大家非常有默契，以祖古為首，眾人隨行在後。祖古上坡速度很慢，走一會兒就停下休息，若有所思地望著聖湖面及遠方山峰。今天清晨，我也看到他站在寺外小土坡上，凝視著湖的方向，想必心中有無限的感觸。

走走停停，近八點爬到接近山頂的平緩處，這時，位於達那果夏湖左側，間隔著小山嶺的第五個湖也現身了。

小徑轉為橫切山腰，再上接稜線，開始以湖為圓心順時針繞行，不久左側隔著山谷的對面山中出現一個大湖泊，吉達說那是無名湖。

走過亂石堆，走過遍地紅色「呷巴弟」，走過奇異的朝天三角椎石柱區，一路居高臨下，三百六十度全展望，感覺如行走在天路之上。隨著海拔漸高，五個湖泊錯落現身，大家雀躍讚歎，朝著五湖頂禮叩拜。

昨日經過的第一、二湖，此時看過去小得只剩一條橫粗線，達那果夏湖畔的寺廟和山屋，也小如綠林中的白色螻蟻。天際雲層漸厚，不斷飄移，湖面及山坡隨著光影變化，明暗浮沉，殊勝中帶著幾分神祕。

身在空氣稀薄的高山上，一個人就算有再強的氣勢、再高的傲慢心，也都會逐漸被稀釋，整個人謙恭如親吻佛腳的信眾。

心中憶念著根本上師蓮花生大師，輕誦蓮師心咒「嗡阿吽，班雜咕嚕貝瑪悉地吽」，「嗡阿吽」象徵諸佛的身、語、意；「班雜—咕嚕—貝瑪—悉地—吽」象徵五方佛，五方佛是佛法五部的代表，沒有任何一佛不包含在五部當中。只要唸誦蓮師心咒，五方佛的所有佛號和心咒就全都包含了。

陽光漸強，達那果夏湖天光雲影流動，白點即寺廟。（約四點鐘方位觀湖）

　　快十點時，神山「孜大布日」頂端三峰在前方出現，分別代表蓮師的法身、報身、化身，我們所站的空曠處剛好能前瞻神山也能回眺聖湖，在連續變化方向凝視神山與聖湖後，輕微的目眩神迷，恍惚進入沒有過去、現在、未來的時空中，生命再沒有什麼不能承受的，也再沒有什麼不能割捨的，一份圓融觀照，世界無限寬廣。

　　沿著寬廣稜線上下走約一小時，終於抵達孜大布日山腳下佛塔，海拔3997公尺，以手錶測量的寬容率來看，可以號稱4000公尺。吉達很高興，他來過那麼多次，這回總算清楚知道神山的高度了。

　　佛塔前以薄石塊堆疊成一個小平台，大家脫鞋上去，先頂禮叩拜，再結手印獻曼達供養，完成後靜靜坐著一會兒，各自祈請。我雙手合十誦〈蓮師七句祈請文〉，誦著誦著，回想起自2月決定今秋朝聖以來，每日誦〈蓮師七句祈請文〉二十一遍的虔誠心意，以及過程中的一波多折，如今終於圓滿走過聖湖，來到神山腳下，無限感恩十方因緣成就我

五方佛五魂湖,從前到後上方依序為大日如來、阿彌陀佛、金剛不動佛、寶生佛、不空成就佛。白色寺廟右側碎石坡上方小白點即堪布閉關房。(約八點鐘方位觀湖)

走過遍地紅色「呷巴弟」（印度茶）

情同手足的三位喇嘛，左起安多喇嘛、咕嚕喇嘛和桑傑喇嘛。

無名湖與後方孜大布日神山，頂峰三山頭象徵蓮師報身、法身、化身。

此行，淚水無聲無息、不間斷地流下。坐在我左側前方的沃喜看到我淚流滿面，臉上露出不解的神情。

出發繞轉孜大布日一圈，看到左側山谷又出現一無名湖，吉達說類似這樣的湖，貝瑪貴有108個。108是非常殊勝的一個代表數字，我朝聖西藏第一修行聖地「青朴」時，該地也有108個修行洞、108個天葬台、108個神泉的記載，

經過阿彌陀佛聖跡，眾人紛紛剪下頭髮除障用❶。吉達更周到，還用山刀割下指甲。沒一會兒，在霧中來到一塊傳說是空行母跳舞獻供的寬敞斜坡，吉達先帶著三個喇嘛跳舞，然後興沖沖提議唱歌，還沒人開口，他已經自個兒拍手唱了起來，純真如小孩，把我們全逗笑了。

在時濃時開的霧氣中繞轉神山一圈後，繼續繞聖湖回走，霧中全無方向感，許多地方路跡不明，若非吉達嚮導，肯定迷路。

路轉為下坡，吉達表示快回到寺廟了。兩點多時，濃霧散開，隱約可見下方湖泊及寺廟，除了桑傑喇嘛陪著祖古和我速度不變外，其他人全半跑著下山。

回抵寺廟，我繞著寺廟走一圈，變化不同角度欣賞聖湖，霧中夢幻迷離，貝瑪仁增仁波切曾說自己的父親修持非常嚴謹，是位對密咒修持具有相當力量的瑜伽士，他每年都會朝聖達那果夏湖，曾親眼看到一尊形相巍峨的蓮師聳立湖面。此外，也曾有一位阿尼，看到湖中島不是一個小島，而是蓮師真實、莊嚴的宮殿。

---

❶除障是要斷除一個人的執著和煩惱，去除人生的障礙，由於每個人都很珍惜自己的身體、寶貝自己的頭髮及漂亮的衣服，所以都是剪下指甲、頭髮或衣標，作為象徵性代表。

神山鞍部佛塔，海拔3997公尺。

　　傍晚修薈供，先把寺廟裡的七個燈杯仔細擦乾淨，做好燈芯，倒入
酥油，拿出揹了六天的幾包餅乾當作供品，祖古、吉達和三個喇嘛齊集
寺廟修法，前後進行了一小時多。我沒有法本，就算有也跟不上他們的
快速度，只能坐在一旁，精神參與。

蓮師禪坐修行過的聖跡

阿彌陀佛聖跡

空行母跳舞獻供之處，霧漸濃，吉達帶頭拍手唱歌獻供。

在朝聖的路上死亡

昨日傍晚開始下雨，整夜未停。

六點半，其他人還在收拾，我和阿覓及沃喜先出發，走了一會兒，她們倆便不見蹤影，獨行了四十多分鐘，從第三個湖的邊緣越過一條小溪後，忘了路是往左還是往右，嘟喃了幾聲，前後都沒人呼應，往左右各試走了幾十公尺，還是無法判斷哪邊是正確的路，此時霧濃，能見度很差，不敢亂走，回望剛走過的對面山坡那根小旗杆，我確定路到旗杆處都沒錯，便安然站在原地等候後面的人，一邊哼著歌，等了十來分鐘，終於有模糊人影在旗杆旁出現，我大聲問：

「往左走？往右走？」

「會迷路，先不要走，等一下。」聽來像是咕嚕喇嘛的聲音。

等他們從山坡下來，大家一塊兒走。雨霧中湖景增添飄渺迷幻，但地面也更加泥濘，非常難走，又上上下下的，上坡耗費力氣，下坡膝蓋受不了，兩者皆累。

我的登山專用Gore-tex材質衣褲防水效果很好，其他人只用一塊大雨布蓋住背包及穿單件式簡易雨衣，沒多久身體全溼。前面的人於是越走越快，想早點兒抵達營地，最後面是咕嚕和安多喇嘛陪祖古走，我又變成獨行。不一會兒安多喇嘛趕上我，我讓路給他先走，他說沒關係，慢慢走，我想應該是祖古或咕嚕喇嘛要他陪我，免得我走錯路了。

前天經過這段路時，還一路讚賞風景美若仙境，徐行不捨離開；如今心情大不相同，一心只想趕快走完。呵，這「心」真是變化莫測、不可捉摸啊，難怪都說修行就是在修心！

下雨加上山風，氣溫驟降，一路不敢停留，走到午後一點半，終於回到前天住宿、可觀看南伽巴瓦峰的「包哩畢」營地。快到之前，祖古和咕嚕喇嘛趕上我，意外發現我以為走在前面的吉達也和他們一道兒。

進入山屋，桑傑喇嘛和阿覓、沃喜三人早已抵達，但沒火柴生火，看到我們到了，他們說已吃過午餐要先走。吉達生火燒開水，水還沒滾，咕嚕和安多喇嘛也吃完大餅和冷飯便當，說要先走，我攔住他們：

「熱水馬上好了，喝點熱的再走！」

「不用了，我們先趕去做晚餐。」兩人快速衝進雨中。

我和祖古坐在火旁，冰冷的手終於有了溫暖，防水登山鞋因路上積水及爛泥，裡外都溼了，看到祖古脫掉雨鞋烤腳，我也依樣畫葫蘆。

今早現做大餅，直誇好吃，現在又冷又硬，難以下嚥，想想真是佩

達娃祖古興建的湖畔小寺廟

服其他人，冷硬大餅和冷飯，三兩下吃光。吉達拿了包餅乾遞給我和祖古，是昨晚的供品，我吃了幾片，下午的體力全靠這點東西了。

　　兩點半出發，吉達說大約兩個半小時可到，我記得來時好像走了四個多小時，上坡下坡都有，返程不可能那麼快。果然，走到五點天都暗了，還沒到，仍在山溝裡奮戰，溝裡濫泥樹幹糾結，我跌了許多次，狼狽不堪，登山竹棒早上用裂了，吉達又幫我砍了一根新的。來時還跳來跳去閃避爛泥，此時一方面沒力氣跳，一方面閃也閃不過，到處都是爛泥，每回踩下去，只能祈禱不要太深，有幾回還是深過我的鞋筒，爛泥從上面進入，沾滿襪子，心中暗嘆：看來這專業頂級的Gore-tex登山鞋，還比不上一雙三百盧布的雨鞋好用呢！

　　天黑了，走在樹林裡伸手不見五指，拿出手電筒，我記得這個營地那天一出發就下坡，這表示今天最後一段需上坡才能抵達，因此心中就盼著走上坡，盼著坡頂就是山屋，但上上下下經過好多坡，還是沒到。

　　活了五十多年，從沒經驗「體力透支」，當下卻真真實實感到自己正處在體力透支的狀態，因為幾天來，幾乎每餐都吃一種用印度扁豆煮成的湯汁dali，淋在白飯上，拌著吃，超初幾餐還能適應，連續每天吃，開始倒胃口，逐漸嚴重，變成一聞dali味道就噁心反胃，到後來我只好米飯拌鹽巴吃。

　　在台灣登山一般都會帶「行動糧」，例如糖果、餅乾、巧克力、肉乾等，以便隨時補充能量，藏民沒這習慣，我原先抱持隨順貝瑪貴人朝

聖習慣的想法，也什麼都沒準備，只帶了一袋牛奶糖，每天每人發一顆，昨晚才想到這些牛奶糖可成為我的體力來源，今早不敢再發。

黑暗中前面出現亮光，以為到了，正高興，亮光往我們靠近，是桑傑喇嘛來接我們，一看到我就把手伸向我：「阿媽喇，背包！」之前他要幫我揹，我都說不用，眼前實在累極，只說了謝謝立刻把背包給他。

背部頓然輕鬆，好像有了一點力氣，但走沒幾步就又彈盡援絕，路仍漫無止盡，每走幾步就不得不停下休息。桑傑走在我前面，只要我一停下，他也跟著停下，有時說幾句話鼓勵，有時只是無言的等候，走走停停，停停走走，我忍不住問還要多久才會到？他說大約十五分鐘。

這真是我生命中有史以來最漫長的十五分鐘，整個人都快虛脫了。好不容易聽到桑傑喇嘛說：「看！阿媽喇，前面那就是營地的火光！」

終於，終於到了，差點兒喜極而泣，瞄了下手錶，快六點了。

我請他們先走，說我要方便，在路旁樹林中蹲下來，看著不遠處山屋內微弱的火光，心裡有一種無法言喻的感觸，登山那麼久，從沒走得像今天這麼累過，是歲月不饒人，我老了吧！

不過，這幾年來陪著年邁父母進出醫院，看多了慢性病人，領悟半百之後只要還能走路、登山，就是一種幸福。母親在56歲那年腦出血，昏迷一星期才醒轉，再也無法走遠路，遑論登山。而我今年56歲，仍能慢跑、登山、騎馬、滑雪、騎單車環島，老天夠厚愛我了！

晚餐完全沒食慾，勉強吃了幾口，一陣反胃，跑到屋外嘔吐，吐光後，望著黑暗的樹林，深呼吸幾口冰涼的空氣，腹中飢腸轆轆。童年時父親經商失敗破產，全家都挨餓過，我在三十多年的登山過程中，也有過幾次迷路挨餓的經驗，「餓」這個字左邊是「食」物，右邊是「我」，很微妙！

童年的挨餓經驗讓我更能體會人飢己飢，人溺己溺。民國七十八年，台灣世界展望會舉辦台灣第一屆「飢餓三十」營，當時我因採訪得知：地球上每天有六億人空腹睡覺，有四萬名小孩因飢餓死亡，震撼之餘，第一個報名參加，經由禁食30個小時募款幫助非洲飢民。由於是個人意志的選擇，挨餓30個小時並不困難。

同樣的，眼前雖然飢腸轆轆，但這也是自己個人意志的選擇，朝聖之路本來就不是要讓人來享受的，一點飢餓沒什麼大不了，何況藏民經常說：「在朝聖的路上死亡，是一種福報。」

會走路的機器人

八點出發，八點到「喇嘛祖古」營地，心中暗自高興中午左右便可抵達今天預定住宿的「馬被」營地，就可以好好休息了。沒想到十二點抵達營地後，正在生火煮麵的咕嚕和桑傑喇嘛向祖古報告：

「兩個女孩已經先走了，她們說要直接回 Kuging，不想住這裡。」

他們五人討論後，決定也繼續走，我聽了有點被嚇到：

「啊，今天回 Kuging？不可能吧？很遠ㄟ，來時花了七小時呢！」

咕嚕喇嘛用有點安慰的語氣對我說：

「沒有關係，都是下坡，很快，兩個多小時就到了。」

「大約三個多小時啦！」祖古趕快加上一句。

記得來時不全是上坡，也有下坡，這表示回程也有上坡要走。昨天走了快十二個小時，雖然休息了一晚，依然感覺筋疲力竭，爬坡爬得動嗎？就算全是下坡，我最怕的也正是下坡，使用了五十多年的膝蓋已經有點退化，套了護膝仍無法承受長程下坡，喇嘛他們年輕，膝蓋健壯，可以跑著下坡，我可是只能一步一步慢慢地走。

環視四周每一個人，也難怪他們都想早點趕下山，下雨不停，他們全身早已溼透，咬咬牙，我點頭答應，就繼續走吧！雖然想到剛剛才從海拔3200公尺降到2300公尺，現在又要在幾小時內降到800多公尺，實在是對不起我的膝蓋，但也沒辦法了，只能委屈它痛到底！也作了最壞打算，別人走三小時，我就走它個四小時、五小時，再慢，只要堅持到底，總會到的！

泡麵煮好，盛了一碗，印度泡麵又辣又鹹，實在吃不下，但想到還要奮戰四、五個鐘頭，不吃不行，把湯倒掉，加點白開水，勉強吃完。

十二點半，大家還在吃麵，我說我先慢慢走。一點多，咕嚕、安多和桑傑喇嘛小跑著從後面趕上我，桑傑喇嘛又要幫我揹背包，本來想回答我走不快不是背包重而是膝蓋痛，轉念一想，負擔減輕，說不定可以走快一些，於是把背包給他。

三人走遠，我再度恢復一個人慢

被原住民陷阱抓住的山鼠

慢走，想起年輕時，個性急，走路速度很快，不但下山像喇嘛一樣用跑的，上山也總是和男隊友競走，常在山徑上超越一些年長登山客，他們總微笑地讓我們這些初生之犢先過，再送上一句：「年輕人，慢慢走啊！」當時心中大不以為然，慢慢走要走到什麼時候啊！

直到有次登北大武山，我負責殿後壓隊，有人體力不支慢如蝸牛，走沒幾步就停下休息，我有點按捺不住，但既不能催也不能罵，只好兩手插進口袋，竭盡所能將步伐頻率調到最低速，一邊鼓勵他們：「沒關係，慢慢走。」「慢慢來，不急。」一路不知說了多少次「慢慢……」，才逐漸領略出慢的悠遊興味。

眼前也是慢慢走，可惜夾雜著下陡坡、膝蓋受不了的痛苦，踉蹌接連滑倒，一點兒也不悠遊。而且隨著海拔降低，螞蝗增多了，每次低頭一看，就看到兩、三隻在雨褲下襬外側擺動，趕緊撥掉，想到可能有的已經攻防進鞋襪裡，也無暇顧及，只能眼不見為淨。

這確定是我登山將近四十年來走過最差的路況，陡下兼爛泥、樹根、大小石頭糾結，摔了不知多少次，雙腳發軟，我知道自己這幾天以來沒吃多少東西，根本沒體力，靠的是以前貯存在體內的能量。

雙腳已經呈現只要一停下兩個膝蓋就會微微發抖的悲慘狀態，不敢再停，只能不停地走著。試著用禪修的方法觀痛，一開始，好像痛更痛了，持續就只是看著它痛，告訴自己那只是膝蓋在痛，和身體其它部位無關，放鬆，放鬆……

走著，走著，到最後走成一種韻律，形同機械式的反射動作，抬腳，踩下，換一隻腳，再抬腳，踩下……，身心走成一片空白，腦裡不再有任何思考，偶爾浮現的思緒，恁它像天空裡的雲，飄過來，飄過去，出現，消失。

痛的感覺已經減淡，或者該說是已經麻痺了，我像是一個會走路的機器人，無法感覺，只管向前走，右腳左腳，右腳左腳……

三點半祖古和吉達追上我，三人一起走，我體力漸不支，但咬緊牙堅持著。吉達和祖古邊走邊聊天，一會兒後，我和他們再拉開距離，聽不到說話聲，獨行一會兒，後面傳來聲響，以為是他們來了，卻是三個年輕的珞巴獵人，一路快速小跑下泥土陡坡，真是厲害。

五點多，陡坡山路趨緩，驚喜地看見阿覓和沃喜拿著雨傘在前方出現，後面是桑傑和咕嚕喇嘛，啊，這表示艱苦的旅程即將畫上句點了！

幾位村民來阿覓家一起喝茶聊天

　　再走了十來分鐘，坡度最高的一戶出現了，往坡下走，我先在戶外
山泉水龍頭清洗雨褲及鞋襪，腰腿僵硬，無法下彎，只好把腳斜著舉高
沖褲管，脫鞋襪時有幾條螞蝗正在搖頭擺腦。

　　晚餐在阿覓家吃，看到多日不見的蔬菜，雖然咬起來纖維很粗，但
在嘴裡咀嚼時，蔬菜的清香味仍讓我充滿幸福感，終於告別dali了。

　　晚上睡在阿覓家新蓋的睡房，有四間房，我睡裡間，夜雨不斷，咚
咚聲打在屋頂聽起來很驚人，想想一路趕下山還是明智之舉，否則雨繼
續下一晚，明天從「馬被」下山的路只怕更加艱難。

　　腳掌腫脹，兩隻腳酸痛得不知如何擺放，回想今天從早上六點走到
黃昏五點半，和昨天一樣將近十二個鐘頭，一天內從海拔3200公尺下
降到850公尺，創下我登山以來一日之內下降最多海拔距離的紀錄，眞
佩服自己，只是委屈可憐的膝蓋了。

衣食魔障

祖古與有親戚關係的兩家功德主合影

昨晚擦了可防蚊驅蟲的台灣檜木精油，並穿著長袖上衣睡覺，沒想到還是被蟲咬，幸好依然只咬靠著床鋪的上胳膊下側。

五點半大家陸續起床盥洗，六點半出發前往功德主家用早餐，連續三家。Kuging村民很尊敬堪布，託堪布之福，我們宛如寺廟派來的親善天使，受到熱情款待。三家從六點半吃到九點多，每一家主人還都特地給我和祖古一人一隻烤老鼠，一眼望去，黑色屍身平躺在白米飯上，兩手兩腳就像個小小人兒，慘不忍睹，想還給主人，祖古說不行，這是珞巴人款待貴賓的表示，最後只好打包帶走，再設法轉送人。

九點半離開村子，一開始就是泥土路陡下，我拿著竹棒當拐杖，一拐一拐困難的移動雙腳，我的模樣一定很滑稽，跟我們一起下山的阿覓父母親，在後面忍不住笑出聲來。

接回主路後，稍微好走些，但有些路段被水淹沒，變成小溪，本來就溼透的鞋襪更加千斤重。

行行復行行，當終於看到寺廟金頂，隔著稻田隔著雅魯藏布江，出

現在遠遠的山坡上時，喇嘛們和我一樣喜不自勝，紛紛大叫「拱巴！拱巴！」（寺廟藏語），我感覺好像看到家一樣，心裡歡喜著就快回到溫馨的家，不知不覺加快了步伐！

下午兩點多回到寺廟，小喇嘛在上課，只聽到隱約讀書聲。我舉步維艱地上了二樓，坐在僧房走廊椅上，先將褲管撩高檢查，沒看到螞蝗，再慢慢脫登山鞋，這雙穿了好幾年的登山鞋，連泡了三天泥水，有幾處縫線已裂開了，鞋帶上全是泥巴糾結，手指又腫脹不聽使喚，費勁許久才打開，鞋襪也同樣費了半天勁才脫下，看到腳踝兩旁多了幾個新的小孔，幸好螞蝗吃飽已經走了，一回身，卻看到地上有隻正在蠕動，不知是從哪掉下來的，看牠細細的身子顯然還沒吸到我的血，想牠應該也是飢腸轆轆吧？想起自己前兩天的飢餓經驗，輕輕地對牠說了聲：

「對不起，讓你餓肚子啦！」

打開水龍頭，沒熱水，雨天氣溫下降很多，實在沒勇氣洗冷水，幸好有電，於是拿出我的電湯匙和鋼杯，慢慢燒。

桑傑喇嘛貼心地幫我送了杯熱甜茶來，總管也來問候，說很佩服我隨喇嘛速度走完朝聖，我說我走得很不好，他說已經很厲害了。

他們知道我用電湯匙燒水後，建議我直接把電湯匙放進水桶裡燒。電力微弱，一桶水燒了許久才稍稍溫熱，要開始洗時，兩腿僵硬無法下蹲，只好坐在馬桶上洗，九天沒洗頭，頭髮髒得洗出來的水全是黑的。

邊洗邊有新發現，全身上下有好幾塊破皮和瘀青，應該是跌倒時撞傷的。兩手臂高舉照鏡子，天啊，整個上手臂下側到肩窩處，全是大大小小紅色、暗褐色的蟲咬痕跡，數了數，一邊二十多個，一邊三十多個，有幾個小部位咬痕密密麻麻，觸目驚心，不知是一群蟲同時在比賽誰咬得快、吃得多，還是只有一兩隻蟲大塊朵頤、慢慢享用。

臉上是蚊子姐姐親吻留下的紅豆冰，小腿以下是螞蝗爸爸的戰場，幸好兩腳各只有個位數咬痕而已。最嚴重的是兩隻腳腫脹不堪，尤其是腳趾頭，下坡受到壓迫，又腫又痛，趾甲周圍異常髒污，但彎不下腰清理，只好過兩天再說。雙手也一樣，乾皺、黑腫，因為沒戴手套，有不少小割傷，手指甲周圍也一圈髒污。

晚上八點就停電了，躺上床，將兩隻腳抬高放著，黑暗中，腫脹僵硬的感覺歷歷分明，兩個膝蓋更是酸痛，肉體累極，內心卻清明，一點睡意也無，靜靜躺著，清清楚楚感受到膝蓋內部正在燃燒發熱。

第三家功德主夫婦

阿覓爸媽與我們同行下山

從高中開始，四十年來持續登山，從來也沒這樣淒慘過。

回想整個朝聖行，來回走了九天，其中兩天是將四天的行程壓縮而成，九天中除了兩餐吃印度速食麵、兩餐吃麵疙瘩、兩餐烙餅外，其餘每一餐都是吃米飯淋印度dali，早晚吃熱的，中午吃冷的，其他人都是一人一盤用手抓著吃，沒兩下就吃光，只有我嚼了半天還是嚥不下。

想到這，我其實有點沮喪——對自己過不了食物這關。

自己的個性原本就不重視美食華服，尤其離開職場後，不再有「人在江湖」的身不由己，加上這些年來學佛，自自然然「用減法過日子」。在我的價值觀裡，只要心靈越來越豐富，生活可以越來越儉樸。

我以為自己已能擺脫華衣美食的誘惑了，不再受其束縛，沒想到，這回在食物方面還是滑鐵盧，生理的最底層仍然受著五蘊的控制。

伊喜措嘉佛母曾問蓮師：

「修持道時，最大的障礙是什麼？」

「最初入道的階段，任何會讓你的心落入偏歧的情況都是障礙。對男性而言，女性是最大的魔障；對女性而言，男性是最大的魔障。而在一般情況中，衣食則是最主要的魔障。」

昔日，密勒日巴在山洞裡修行，帶去的食物吃完了，以長在洞外的蕁麻維生，幾年之後，吃到身體變成綠色，依然精進修行不懈，毫無退轉心。我才只不過吃同樣的食物一星期而已就受不了，真是慚愧啊！

遠遠看到寺廟出現在隔著稻田、隔著雅魯藏布江的遠方山坡上。

感恩手中竹棒，伴我走過艱險路。

雖然小徑泥濘積水，雨中新綠卻令人賞心悅目。

信心與清淨心

朝聖回到寺廟後頭幾晚，被蟲咬的部位發熱發癢，翻來覆去，又因兩腳酸痛，無論伸直彎曲，左擺右擺，側躺仰躺，任何姿勢都不舒服，睡得極不安穩，似睡似醒間彷彿還在山中密林裡攀爬上下坡。

第三天終於放晴，出現久違的陽光，拖著瘦了一圈仍酸痛僵硬的身子，步履蹣跚前往轉寺廟，緩慢地走，其他村民不斷超越我，一些認識的全都知道我圓滿朝聖孜大布日和達那果夏，對我微笑讚賞。

原本預計再待十天，因印度司機兒子結婚需趕回Dibrugarh，我也必須提早離開。最後這一週，除了受邀前往咕嚕喇嘛家及桑傑喇嘛叔叔家吃飯，哪裡也沒去，每天除了轉寺廟，都待在僧寮斗室裡，小喇嘛他們每一節課開始與結束的敲鑼聲，成為我作息的依據。

通常傍晚五點多，暮色漸濃，還沒發電，僧寮內昏暗，我會把椅子搬到走廊，坐著持咒，有時只是發呆，想到在台北正是下班時間，擁擠的人潮車潮，熙來攘往，而朝聖神山聖湖時的這個時間，我還在黑暗濃密山林裡奮戰。恍如隔世！

離開貝瑪貴前一晚，每間僧寮的燈熄了後，我輕聲播放炯雅祖古唱誦的〈薈供文〉、〈供燈祈願文〉、〈大悲咒〉，旋律飄出夜涼如水的窗外，在夜空中迴盪，想到就要離開貝瑪貴，心中興起些微不捨。

這些日子，每天清晨四、五點便會醒來，依照堪布教導，觀想前面虛空中根本上師蓮花生大師形象，周圍勇士、空行眾圍繞，全部手搖達瑪惹（鼓），激勵自己從睡夢中醒覺。接著明觀自身於莊嚴的剎土中慢慢起身，心間之上師經由中脈上升到頭頂虛空中，圓滿歡喜而安住。然後唱誦〈喚醒癡夢〉：

「嗚呼悲喚具緣善女（男）子，莫為無明愚癡所制伏，奮發精進立刻即起身……，生老病死之苦豈不知，精進修持之時刻已至……，諸法無我、空性、離戲論，視為幻景、陽焰、夢、影像，如尋香城、空谷回響般，水月、水泡、光影、幻化等……，一切法之自性乃無生、無住、無滅、無來亦無去，無緣、無相，且超越言思……」就此拉開一天序幕。

在家人無法斷捨掉世俗的一切，無法像出家人一樣全心全意修持，只能取中庸之道，一邊過今生的生活一邊作修持。但身在台北，不斷會受到繁瑣事物的干擾，不易專心修持；當我獨自在僧寮內，沒有手機，沒有電視，沒有廣播，沒有電話，屋外也沒有車水馬龍干擾，身心變得清明，可以百分之百投入修持。

藍天艷陽下，寺廟顯得金碧輝煌。

也或許因為這是被藏人視為第二佛陀的蓮師所加持過的聖地,年深歲久凝聚成一種氛圍,形成磁場,任何佛法修持,只要憶念蓮師,與根本上師心意合一,很快就能進入神聖的意境!

《維摩經》:「若菩薩欲得淨土,當淨其心,隨其心淨,則佛土淨。」

這是一塊淨土,無論稱它為香格里拉或現代桃花源,都不是因為顯露在外的山河大地風光,而是它所呈現出來的內在精神境界。

貝瑪貴共有十六座寺廟(我還有五個未曾拜訪),再小的村子都會存在一座小寺廟。為什麼這裡的人們心靈會如此純淨?除了因藏民人人信佛、學法、敬僧外,我想,沒有過多的傳播媒體也是一大原因。現代都會人的悲哀是受到大眾傳媒的洗腦,靈魂漸被侵蝕,從一生的價值走向到平日衣食住行育樂生活都受影響,掉入感官的幻相而不自知。

堪布曾強調:一般人認為住起來快樂舒服的地方,大都是房子華麗、風景優美、食物好吃、每天能洗熱水澡等,但對一個禪修的行者而言,這些都不必要,有沒有都沒關係,只要能夠禪修,行者就會非常高興。得到成就後,他喜歡去的地方也不是城市,而是尸陀林、墳場,在那裡進行薈供、歌唱,就覺得非常快樂。

這種「除了修行還是修行」的喜悅,我在這些天也真實體會到了。

堪布說過伊喜措嘉佛母的故事,當她拜見蓮師時,在尊前發願,希望將來經常都能投生在尸陀林、無人荒野、深山岩洞之中,一輩子作禪修,以能徹底究竟。我的修行程度相差甚遠,不敢發宏願,只想來世不管投生哪裡都能聽聞佛法、繼續修行。

打開僧寮斗室窗戶，清風流動。

記得團體朝聖貝瑪貴之前，堪布一再提醒大家，到聖地時，堅定的信心很重要，因爲諸佛菩薩的加持要進入自己的內心，靠的就是自己具有堅定的信心；假設沒有堅定信心❶，就算諸佛菩薩親自降臨，也得不到任何加持。

朝聖團抵達貝瑪貴後，有一晚堪布開示，特別說明他既不是轉世祖古，也沒有顯赫的家世背景，爲什麼在短短一年內就能收集到「見解脫室」裡眾多的珍寶奇物？爲什麼他做什麼都能有成效？最主要因爲內心有清淨的動機之故。

堪布對珍寶奇物、對寺廟完全沒有貪戀之心，他表示往生後不會轉世找接班人掌管寺廟，而是全部留給僧眾，由他們維護、推廣、發揚佛教。

信心和清淨心，正是堪布最讓人景仰的特質，感動臣服之餘，我也慎重的把這兩樣珍寶收進內心，願它和我的生命合而爲一！

每一個大禮拜都代表著最虔誠的禮敬，最謙卑的懺悔。

---

❶信心包含四類，清淨的信心是指見到佛、法、僧時，內心感到非常快樂；追求的信心是指希望自己也有三寶的功德，努力追求證悟；相信的信心是指不管在什麼時候，一定相信三寶；不退轉的信心是指不管遇到任何逆緣、障礙，絕對不會捨棄三寶，內心非常堅固穩定。

沈靜的幸福

　　一開始動筆寫此書，三趟貝瑪貴行的點滴，如千絲萬縷，紛至沓來，過程中，細細咀嚼，彷彿重新走了三趟，所有的記憶再度鮮活起來。

　　於2012年出版，對我有著重大意義。2002年我離開中日合資大企業高薪職位，進入佛教出版社，皈依聖嚴師父，開始修學佛法，復因採訪西藏僧侶，接觸藏傳佛法，緣起不斷，逐步深入殿堂，至今剛好十年。

　　從商業到佛教界，從漢傳佛教到藏傳佛教，三年前開始，專一跟隨寧瑪派上師修行，這使得老同事及在漢傳佛教領域結識的朋友，多次半開玩笑地說：「你跑得可真遠！」

　　朋友，不是我故意和你們的行進方向不一樣。梭羅有句名言：

　　「如果一個人和他同伴的腳步不同調，有可能是因爲他聽到了不一樣的鼓聲，就讓他按照自己所聽到的節奏邁開步伐吧！無論他走得多快、多慢或多遠。」

　　是的，我就是聽到了來自內心深處的呼喚聲，那應該是我前世的記憶，本已遺忘，如今因緣具足再續前緣。

　　藏傳佛教認爲朝聖是一個積聚福德的重要方式，而朝聖的正確動機是要培養自己智慧、慈愛、悲心、虔誠心和出離心。仰桑貝瑪貴是聖地中的極密聖境，因緣源自上師堪布徹令多傑仁波切，三次行雖然目的不同，但我都抱持著朝聖的心態前往。聖境經過蓮花生大師與諸佛菩薩的加持，以及朝聖者不間斷的參訪，凝聚而成神聖的氛圍，我在聖境裡浸染佛法的智慧與慈悲，感念歷代瑜伽士的專深修持，自然而然也加緊腳步精進修行。

當我回到夜晚燈火通明的台北，總會想起寺廟靜寂的黑夜，停止發電後，大地隱入深濃的黑幕之中，天氣好時，滿天星斗點綴夜空成閃爍的金縷衣，坐在走廊，星光寂然地灑著，四周山峰只餘幽深的輪廓，帶著冷然之姿。

無論是寧靜深沈的夜裡還是陽光溫煦的日間，總是時時刻刻感受到沈靜的幸福，清新的空氣安穩地進入體內，然後離開，我在呼吸間憶念蓮師，蓮師曾說：

「任何對我有信心的人，我都會守護在他的身邊。」

於是，輕柔拂過的山風、搖擺的花草樹林、空靈的晨霧與暮靄、草叢裡跳躍的昆蟲、岩石間輕唱的山溪……，所有一切都是蓮師無所不在的化現。

台灣和貝瑪貴之間，距離遙遠，因緣卻不可思議的搭成橋，連接了兩地。正如堪布屢次開示：「台灣弟子距離貝瑪貴聖地這般遙遠，卻可以出資在貝瑪貴興建大寺廟，護持弘法，這個法緣非常殊勝，我經常期許，將蓋寺廟的一切善根迴向給一切眾生，希望弟子也要如此作期許，將累積的善根迴向給眾生。」

除依上師囑咐迴向，也願將這三趟朝聖之旅的一些微薄功德，虔誠迴向給一切有情眾生，願我們都能去除無明，解脫輪迴！

（本書版稅捐贈貝瑪貴菩提昌盛寺小喇嘛護持基金）

橡樹林文化 ❖❖ 衆生系列 ❖❖ 書目

JP0001	大寶法王傳奇	何謹◎著	200元
JP0002X	當和尚遇到鑽石（增訂版）	麥可‧羅區格西◎著	360元
JP0003X	尋找上師	陳念萱◎著	200元
JP0004	祈福DIY	蔡春娉◎著	250元
JP0006	遇見巴伽活佛	溫普林◎著	280元
JP0009	當吉他手遇見禪	菲利浦‧利夫‧須藤◎著	220元
JP0010	當牛仔褲遇見佛陀	蘇密‧隆敦◎著	250元
JP0011	心念的賽局	約瑟夫‧帕蘭特◎著	250元
JP0012	佛陀的女兒	艾美‧史密特◎著	220元
JP0013	師父笑呵呵	麻生佳花◎著	220元
JP0014	菜鳥沙彌變高僧	盛宗永興◎著	220元
JP0015	不要綁架自己	雪倫‧薩爾茲堡◎著	240元
JP0016	佛法帶著走	佛朗茲‧梅蓋弗◎著	220元
JP0018C	西藏心瑜伽	麥可‧羅區格西◎著	250元
JP0019	五智喇嘛彌伴傳奇	亞歷珊卓‧大衛一尼爾◎著	280元
JP0020	禪　兩刃相交	林谷芳◎著	260元
JP0021	正念瑜伽	法蘭克‧裘德‧巴奇歐◎著	399元
JP0022	原諒的禪修	傑克‧康菲爾德◎著	250元
JP0023	佛經語言初探	竺家寧◎著	280元
JP0024	達賴喇嘛禪思365	達賴喇嘛◎著	330元
JP0025	佛教一本通	蓋瑞‧賈許◎著	499元
JP0026	星際大戰‧佛部曲	馬修‧波特林◎著	250元
JP0027	全然接受這樣的我	塔拉‧布萊克◎著	330元
JP0028	寫給媽媽的佛法書	莎拉‧娜塔莉◎著	300元
JP0029	史上最大佛教護法—阿育王傳	德干汪莫◎著	230元
JP0030	我想知道什麼是佛法	圖丹‧卻淮◎著	280元
JP0031	優雅的離去	蘇希拉‧布萊克曼◎著	240元
JP0032	另一種關係	滿亞法師◎著	250元
JP0033	當禪師變成企業主	馬可‧雷瑟◎著	320元
JP0034	智慧81	偉恩‧戴爾博士◎著	380元
JP0035	覺悟之眼看起落人生	金菩提禪師◎著	260元

JP0036	貓咪塔羅算自己	陳念萱◎著	520元
JP0037	聲音的治療力量	詹姆斯‧唐傑婁◎著	280元
JP0038	手術刀與靈魂	艾倫‧翰彌頓◎著	320元
JP0039	作為上師的妻子	黛安娜‧J‧木克坡◎著	450元
JP0040	狐狸與白兔道晚安之處	庫特‧約斯特勒◎著	280元
JP0041	從心靈到細胞的療癒	喬思‧慧麗‧赫克◎著	260元
JP0042	27%的獲利奇蹟	蓋瑞‧賀許伯格◎著	320元
JP0043	你有對專注力了嗎？	萊斯‧斐米博士◎著	280元
JP0044	我心是金佛	大行大禪師◎著	280元
JP0045	當和尚遇到鑽石2	麥可‧羅區格西◎等著	280元
JP0046	雪域求法記	邢肅芝（洛桑珍珠）◎口述	420元
JP0047	你的心是否也住著一隻黑狗？	馬修‧約翰史東◎著	260元
JP0048	西藏禪修書	克莉絲蒂‧麥娜麗喇嘛◎著	300元
JP0049	西藏心瑜伽2	克莉絲蒂‧麥娜麗喇嘛◎等著	300元
JP0050	創作，是心靈療癒的旅程	茱莉亞‧卡麥隆◎著	350元
JP0051	擁抱黑狗	馬修‧約翰史東◎著	280元
JP0052	還在找藉口嗎？	偉恩‧戴爾博士◎著	320元
JP0053	愛情的吸引力法則	艾莉兒‧福特◎著	280元
JP0054	幸福的雪域宅男	原人◎著	350元
JP0055	貓馬麻	阿義◎著	350元
JP0056	看不見的人	中沢新一◎著	300元
JP0057	內觀瑜伽	莎拉‧鮑爾斯◎著	380元
JP0058	29個禮物	卡蜜‧沃克◎著	300元
JP0059	花仙療癒占卜卡	張元貞◎著	799元
JP0060	與靈共存	詹姆斯‧范普拉◎著	300元
JP0061	我的巧克力人生	吳佩容◎著	300元
JP0062	這樣玩，讓孩子更專注、更靈性	蘇珊‧凱瑟‧葛凌蘭◎著	350元
JP0063	達賴喇嘛送給父母的幸福教養書	安娜‧芭蓓蔻爾‧史蒂文‧李斯◎著	280元
JP0064	我還沒準備說再見	布蕾克‧諾爾＆帕蜜拉‧D‧布萊爾◎著	380元
JP0065	記憶人人hold得住	喬許‧佛爾◎著	360元
JP0066	菩曼仁波切	林建成◎著	320元

橡樹林文化 ❖❖善知識系列❖❖ 書目

JB0001	狂喜之後	傑克‧康菲爾德◎著	380元
JB0002	抉擇未來	達賴喇嘛◎著	250元
JB0003	佛性的遊戲	舒亞‧達斯喇嘛◎著	300元
JB0004	東方大日	邱陽‧創巴仁波切◎著	300元
JB0005	幸福的修煉	達賴喇嘛◎著	230元
JB0006	與生命相約	一行禪師◎著	240元
JB0007	森林中的法語	阿姜查◎著	320元
JB0008	重讀釋迦牟尼	陳兵◎著	320元
JB0009	你可以不生氣	一行禪師◎著	230元
JB0010	禪修地圖	達賴喇嘛◎著	280元
JB0011	你可以不怕死	一行禪師◎著	250元
JB0012	平靜的第一堂課──觀呼吸	德寶法師 ◎著	260元
JB0013	正念的奇蹟	一行禪師◎著	220元
JB0014	觀照的奇蹟	一行禪師◎著	220元
JB0015	阿姜查的禪修世界──戒	阿姜查◎著	220元
JB0016	阿姜查的禪修世界──定	阿姜查◎著	250元
JB0017	阿姜查的禪修世界──慧	阿姜查◎著	230元
JB0018X	遠離四種執著	究給‧企千仁波切◎著	280元
JB0019	禪者的初心	鈴木俊隆◎著	220元
JB0020X	心的導引	薩姜‧米龐仁波切◎著	240元
JB0021X	佛陀的聖弟子傳1	向智長老◎著	240元
JB0022	佛陀的聖弟子傳2	向智長老◎著	200元
JB0023	佛陀的聖弟子傳3	向智長老◎著	200元
JB0024	佛陀的聖弟子傳4	向智長老◎著	260元
JB0025	正念的四個練習	喜戒禪師◎著	260元
JB0026	遇見藥師佛	堪千創古仁波切◎著	270元
JB0027	見佛殺佛	一行禪師◎著	220元
JB0028	無常	阿姜查◎著	220元
JB0029	覺悟勇士	邱陽‧創巴仁波切◎著	230元
JB0030	正念之道	向智長老◎著	280元
JB0031	師父──與阿姜查共處的歲月	保羅‧布里特◎著	260元

JB0067	最勇敢的女性菩薩——綠度母	堪布慈囊仁波切◎著	350元
JB0068	建設淨土——《阿彌陀經》禪解	一行禪師◎著	240元
JB0069	接觸大地——與佛陀的親密對話	一行禪師◎著	220元
JB0070	安住於清淨自性中	達賴喇嘛◎著	480元
JB0071/72	菩薩行的祕密【上下冊】	佛子希瓦拉◎著	799元
JB0073	穿越六道輪迴之旅	德洛達娃多瑪◎著	280元
JB0074	突破修道上的唯物	邱陽・創巴仁波切◎著	320元
JB0075	生死的幻覺	白瑪格桑仁波切◎著	380元
JB0076	如何修觀音	堪布慈囊仁波切◎著	260元
JB0077	死亡的藝術	波卡仁波切◎著	250元
JB0078	見之道	根松仁波切◎著	330元
JB0079	彩虹丹青	祖古・烏金仁波切◎著	340元
JB0080	我的極樂大願	卓千拉貢仁波切◎著	260元
JB0081	再捻佛語妙花	祖古・烏金仁波切◎著	250元
JB0082	進入禪定的第一堂課	德寶法師◎著	300元

橡樹林文化 ❖❖ 成就者傳記系列 ❖❖ 書目

JS0001	惹瓊巴傳	堪千創古仁波切◎著	260元
JS0002	曼達拉娃佛母傳	喇嘛卻南、桑傑・康卓◎英譯	350元
JS0003	伊喜・措嘉佛母傳	嘉華・蔣秋、南開・寧波◎伏藏書錄	400元
JS0004	無畏金剛智光：怙主敦珠仁波切的生平與傳奇	堪布才旺・董嘉仁波切◎著	400元

橡樹林文化 ❖❖ 蓮師文集系列 ❖❖ 書目

JA0001	空行法教	伊喜・措嘉佛母輯錄付藏	260元
JA0002	蓮師傳	伊喜・措嘉記錄撰寫	380元
JA0003	蓮師心要建言	艾瑞克・貝瑪・昆桑◎藏譯英	350元
JA0004	白蓮花	蔣貢米龐仁波切◎著	260元

眾生系列　JP0068

極密聖境‧仰桑貝瑪貴：從500公尺到4000公尺的朝聖

作　　　者／邱常梵
副　主　編／劉芸蓁
行　　　銷／劉順眾、顏宏紋、李君宜

總　編　輯／張嘉芳
出　　　版／橡樹林文化
　　　　　　城邦文化事業股份有限公司
　　　　　　台北市民生東路二段141號5樓
　　　　　　電話：(02)25007696　傳眞：(02)25001951
發　　　行／英屬蓋曼群島家庭傳媒股份有限公司城邦分公司
　　　　　　台北市民生東路二段141號2樓
　　　　　　書虫客服服務專線：(02)25007718；(02)25007719
　　　　　　24小時傳眞專線：(02)25001990；(02)25001991
　　　　　　服務時間：週一至週五上午09:30～12:00；下午1:30～17:00
　　　　　　劃撥帳號：19863813；戶名：書虫股份有限公司
　　　　　　讀者服務信箱：service@readingclub.com.tw
　　　　　　城邦讀書花園網址：www.cite.com.tw
香港發行所／城邦（香港）出版集團有限公司
　　　　　　香港灣仔駱克道193號東超商業中心1樓
　　　　　　電話：(852)25086231　傳眞：(852)25789337
　　　　　　E-mail：hkcite@biznetvigator.com
馬新發行所／城邦（馬新）出版集團
　　　　　　Cite (M) Sdn Bhd
　　　　　　41, Jalan Radin Anum, Bandar Baru Sri Petaling,
　　　　　　57000 Kuala Lumpur, Malaysia.
　　　　　　Tel: (603) 90578822
　　　　　　Fax:(603) 90576622
　　　　　　email:cite@cite.com.my

版面構成／歐陽碧智
封面設計／塵世設計
印　　刷／韋懋實業有限公司

初版一刷／2012年08月
ISBN／978-986-6409-40-0
定價／450元

城邦讀書花園
www.cite.com.tw

國家圖書館出版品預行編目資料

極密聖境‧仰桑貝瑪貴：從500公尺到4000公尺
的朝聖 / 邱常梵著. -- 初版. -- 臺北市：橡樹林
文化，城邦文化出版：家庭傳媒城邦分公司發
行, 2012.08
　　面；　公分. --（眾生系列；JP0068）
ISBN 978-986-6409-40-0（平裝）

1.人文地理　2.西藏自治區

676.664　　　　　　　　　　　101011541